U0331479

重新定义
京东

# 京东增长法

考拉看看　著

化学工业出版社
· 北京 ·

**内容简介**

为什么是京东？为什么京东能快速转变？过去的京东从何而来？未来京东将去何处？"重新定义京东"系列三部作品将为读者呈现京东创新、增长和管理之法，系统、全面地分享京东成长发展的启示意义。

本书立足增长这一关键词，从重新定义增长、京东增长的独特性、京东增长图景以及未来增长四个维度出发，聚焦京东增长的终极逻辑和底层架构，剖析京东多年发展历程中，如何后来居上、造局领先，逐步成长为中国头部企业。本书针对京东提出雷达增长图系，剖析京东增长的内外表现。通过阅读本书，读者可以了解京东的经典增长案例，学习其在增长路径上的战略打法和成果。

**图书在版编目（CIP）数据**

京东增长法 / 考拉看看著. -- 北京：化学工业出版社，2024.3

（重新定义京东）

ISBN 978-7-122-44814-9

Ⅰ. ①京… Ⅱ. ①考… Ⅲ. ①电子商务 - 商业企业管理 - 经验 - 中国 Ⅳ. ① F724.6

中国国家版本馆 CIP 数据核字（2024）第 002338 号

责任编辑：万忻欣　　　　　　　　文字编辑：林 丹 陈 雨
责任校对：边 涛　　　　　　　　装帧设计：王晓宇

出版发行：化学工业出版社
　　　　　（北京市东城区青年湖南街 13 号　邮政编码 100011）
印　　装：河北鑫兆源印刷有限公司
880mm×1230mm　1/32　印张 8　字数 154 千字
2024 年 9 月北京第 1 版第 1 次印刷

购书咨询：010-64518888　　　　　售后服务：010-64518899
网　　址：http://www.cip.com.cn
凡购买本书，如有缺损质量问题，本社销售中心负责调换。

定　　价：68.00 元

# 前 言
## PREFACE

增长是生长个体都渴望的。在自然界中，任何无法增长的生物都终将走向消亡。在商业领域亦是同理，可持续的盈利能力、可观的营收效益以及优质、畅快的运转，都是企业增长的体现。

什么是增长？

固定且单薄的标准和指数，并不足以涵盖增长丰富的内容。就像著名管理学家查尔斯·汉迪的理论：增长应该是实现某个更伟大目标的手段，而不应该被视为目标。

增长是一种持续的、动态的成长过程；是基于企业现有资源和能力，实现"滚雪球"优势，延续企业一切业务增长点的途径；同时增长也是审视企业发展状态的最佳方式。

在本书中，考拉看看头部企业研究中心对增长的概念进行重新拆解，以京东为模型进行拆析，并在此基础上，提出判定企业是否增长的三要素：价值创造、自我更新和雪球滚动。

　　大潮当前，不进则退是商界群雄深谙的行业规则，但增长这一概念不应当被扁平化，它是一个综合立体的前进范畴。企业的发展是一场马拉松比赛，比拼的不仅仅是短期爆发力、业务的拓展力，更是自身长线的竞争力、抵御力和生命力。只有明确增长的意义，才能够在成就卓越企业的道路上步履坚定。

　　为什么写京东的增长？

　　从企业增长态势来看，京东是一个极具特色的头部企业样本。

　　首先从发展过程来看，京东注重对刻板规则的打破与重塑，具备对比鲜明的"冲突感"。京东作为一家结构独特的互联网电商，1998年进入电子多媒体实体零售，自2003年起转型线上开启互联网电商征程，在经历了21世纪初期的蓬勃发展后，逐渐成长为国内3C领域首屈一指的大型电商平台。基于自身的数字科技资源，京东打破零售行业的传统，将买卖双方信息不对称的程度大幅度降低，把冗杂繁复的无效环节压缩，并在此基础上，推动整个行业商业模式的优化、重塑，开放京东培育多年的供应链系统，在业内形成一条专业的产业价值链。

　　京东自身的企业定位也同样具有"冲突感"。由实体转型线上，最终走向新型实体模式是京东的发展路径。跻身国内电商企业前三的京东，在2021年10月登上"2021新型实体企业百强榜"，与华为、大疆、北汽等一众老牌实体企业，共同领跑实体经济新态势。其中，京东获称"新型数字实体企业"，成为打通线上线下商业模式的"先锋"。这让京东的增长路径具备了更大的研讨价值。

都说时势造英雄，而英雄本身就与众不同。京东独特的企业核心文化和发展风格，造就了它的发展模式。从第三方视角看京东，它的成长节奏急缓相间。面向不同的领域，京东有一套截然不同的战略矩阵。在开拓平台经营领域方面"众军疾行"；在构建实体物流供应链方面笃信"长期主义"。这都与京东"做真正伟大的国民企业"的理念紧密契合。

京东从精攻数信、零售领域到走向综合一体平台，从进程上看，它或许不是那个"最先吃螃蟹的人"，但却是走得更远更稳的那一个。市场规律本就是同等价值的合理互换，企业价值的根本是"被需要"，京东实现增长也始终围绕被更多消费者和市场需要而展开。从结果上看，京东在多个领域的后来居上、实现跃升，再次证实了京东对未来预判的正确性。

我们试图通过对京东增长法的逐步剖析，呈现其独特的增长模式和行进逻辑，将独具特色和价值的京东模式提炼出来，阐释京东在增长方面表现出的新思维、新方法和新构架。以京东为典型样本，拆析增长的概念，重新诠释增长的丰富内涵和指向意义，论述增长在企业发展过程中不容小觑的指向性作用。

京东在增长历程中熔铸而成的成长法则，也为当下移动互联网企业的商业模式打开了一扇探究头部企业聚焦逻辑、把脉行业未来走向的窗户，为中国数字新型实体经济的老将、新秀们开辟了一条共创、共享的未来之路。

此外，仍有一个问题值得注意，当我们以增长为命题的时候，究竟在谈论什么？在这本书中，增长的概念对于任何个体都是不固定的评判标准。但回归根本，增长最终的指向一定是变得更好。所以，以京东增长法为核心展开的挖掘探讨，除了对业界头部企业进行研究外，还想传达的是京东在增长势头上永远保持向前的积极态度。

所以，本书并非浅显地拆析京东这一庞大的商业体系，也并非单纯地回溯京东发展进程，而是梳理京东增长脉络，并以此形成贯穿全文的行文逻辑。本书以京东为中心，拆析出一部完整的企业增长之法。

作为"重新定义京东"系列图书之一，《京东增长法》聚焦京东持续增长，从第三方视角阐释京东数十年动态增长态势；呈现京东内外部发展的节点性表现；解析京东是如何在短短数十年之内，在互联网和实体经济的鸿沟和融合趋势之间，开辟出一条崭新的新型实体电商之路；讲述它如何一步步在互联网时代的被动"落后"中迎头赶上，依靠企业优异的增长模式和内核，在老将、新秀云集的电商浪潮中，走出极具辨识度的"京东风格"，最终稳步奔向电商主峰。

本书共四章。从重新拆解企业增长的定义、京东增长的特性、模型化京东的增长表现，以及京东增长带来的影响和危机思考四个维度，深度探寻京东增长法。

第一章，从重新认识"增长"入手，明确点出本书的核心词：增长，并非虚浮在未来蓝图中内容狭隘的目标，也并不是衡量企业成长与否的刻板条目。在《京东增长法》中，增长的定义是实现更伟大目标的手段，是一个持续存在、螺旋式上升的动态过程。而这一特质也融贯整本书的始终，在全书中围绕京东，展现其持续的动态增长过程。

在此基础上，判定增长的三要素，在于企业主体是否实现了价值创造、自我更新和可持续发展。回溯过往，京东在改善用户体验、提升行业效率、推动社会数字化进程、降低社会成本方面发挥着举足轻重的作用；近观当下，京东立足于"伟大企业"定位，积极开辟第二增长曲线，寻求再度精进；眺望未来，京东秉持正和、绿色的企业准则，把控好企业中人的核心作用，从多维度呈现京东创造的价值所在。

第二章，以京东增长为核心探析其企业特性。从企业自身的发展脉络中，摘取最典型的京东特征，详细剖析京东提出的"三条增长曲线"，以及企业增长理念背后，后来居上、跨越发展和长期主义的增长特质。

第三章，板块式地呈现京东动态增长表现，创新性地提出了京东雷达图系增长模型。在京东"雷达图系"的增长模式当中，可进行灵活探索的探测端部分，是京东向外发力、进行尝试的模型框架。"京东挑擂法则"是将京东成长过程拟人化，依循其增长特征总结得出的通用结论。在这一理论下，主要剖析京东向外进行尝试，并"挑擂"成功，为企业发展开拓崭新版图的表现。其中，能够看到京东呈现在外部的"挑擂"个性，也能看到京东在陷入"迷失尝试"时，剑走偏锋地催动企业成长。

此外，这一章的增长表现剖析，还能够让读者清晰地感受到京东一路走来的发展轨迹，并不是囫囵扩充企业体量的增长，而是像一个鲜活的生命体，从幼雏时期逐渐蜕变成长，自内向外地丰盈壮大。

第四章，落脚到京东未来的增长上，探究京东的持续增长过程产生的效应，从量变到质变的过程中，在不同领域开启的崭新业态。还就京东增长过程中遭遇的重大危机节点，围绕京东的未来增长展开探讨。

没有一成不变的企业，寻求持续增长，始终是商业浪潮迭代中企业的永恒课题。京东的增长之道，为头部企业的研究提供了一个与行业和社会相互连接、赋能和共享的全新样本。在京东增长法的基础上，读者能窥见未来经济市场的发展脉搏。

**考拉看看**

## 目 录
CONTENTS

### 第一章

## 重新认识"增长"

## 第二章

# 京东增长的特性

# 第三章

# 雷达图系：京东增长表现

第四章

# 布局新一轮增长

重新定义
京东

第一章

# 重新认识"增长"

什么是增长？

不同的领域甚至不同的企业对增长都有自己的看法，比如利润增长、客户增长，或者是技术水平增长。一个普遍的现象是，人们更倾向于将增长当作目标。然而，正如著名管理学家查尔斯·汉迪所言，增长应该是手段，而不该是目标。

增长应该具备三方面的要素：价值创造、自我更新以及雪球滚动。这三者构筑了坚固的三角形，支撑着企业生长、壮大。

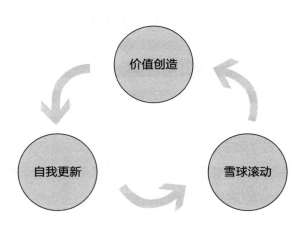

# 第一节
# 价值创造

## ⊙ 改善用户体验

作为一个因创造价值而生的企业，京东多年增长脉络的背后，有一套围绕价值的不变宗旨。其中，改善用户体验是核心要义。

道理很简单。在行业习以为常的标准里，新入局的玩家提供更加优质的产品、服务和更低廉的价格，拔高行业门槛，就有可能吸引受众。京东便是这样的入局者。通过改善用户体验，京东初出茅庐便收获了一批"粉丝"，这便是企业增长的起点。

概括而言，以改善用户体验为核心，京东点燃了三把火，奠定了自身的增长之路。

### 明码标价、正品行货，是第一把火

一个巨大的卖场里，正品与"山寨"品齐飞，嘈杂声不绝于耳。消费者想要以合适的价格买到一件正品，需练就火眼金睛，并在一路过五关斩六将中，凭借卓越的砍价能力，与卖家"纠缠"。如今看来，这一场景与古玩市场的交易颇为相似。

这是1998年，刘强东初到中关村时的情景。这一年，正值中国改革开放20年之际，亚洲金融危机仍在持续。从历史的宏观视角聚焦于中关村，这里大大小小的卖场呈现出相同的发展态势——假货盛行。然而，彼时初创的"京东多媒体"❶却走出了一条完全不同的发展道路——坚持明码标价、正品行货。

设立柜台初期，京东始终坚持一个原则——开发票。这一举动强有力地表明其所卖商品皆为保质保量的正品。值得一提的是，京东是中关村第一个明码标价的柜台。

《创京东》中记录了一个典型的案例，一位客户找上门来，想要购买几百张光盘为银行做数据备份。对比京东多媒体与其他商家的产品价格后，该客户直摇头，认为太贵。但走过一圈之后，他还是回到了京东柜台。柜台人员强调银行数据储备需要安全可靠，并拿出京东多媒体的授权书。最终，不仅这一单生意做成，京东还得到了客户的多番推荐。

在假货盛行的卖场中，京东以正品逐渐打出了自己的一片天。当消费者不需要在海量假货中，耗费巨大精力与长久时间去筛选产品时，中关村这个小小的柜台已经打响了成功的第一枪。

所有好的商业一定是回答了生活的意义和推动了社会进步。此时，初出茅庐的京东，已经隐约具备了这样的特性。

## 领先行业一步的售后服务意识，则是第二把火

服务是产品不可分割的一部分。创业初期，即便只是小柜台，

---

❶ 京东前身，后称京东。

京东也清楚作为商家必须具备服务意识。这样的理念如今看来理所当然，但在当时的卖场，可谓特立独行。

当时，京东在中关村海开市场主要售卖婚纱摄影系统、VCD 转制系统等产品。那时很多县城搞婚纱影楼的老板都去中关村买电脑，把过去的大录像带转成 VCD 光盘。

但客户只懂得到店购买产品，具体如何转录 VCD，却一窍不通。京东清楚地知道，做生意不能只做一锤子买卖。于是，在用户体验还不被重视的年代，培训客户学会产品使用方法，成为京东独具一格的售后服务。

京东认为，购买货物只是完成零售的一部分，另一部分则是相应的售后服务。在 3C 这一领域，教会客户使用与促使交易达成同等重要。别人做一单生意可能三五分钟便了事，钱进荷包便打发客户离开。京东教客户三四个小时使用电脑则是常态。比如，曾有客户一开始连鼠标都不会用，在培训之后甚至熟练掌握了刻盘技术。

此后，京东的服务步步跃升，逐步深入消费者内心。

2004 年，当京东砍掉线下业务，决心转型为纯线上电商公司之际，提到的一个重要理由便是：线下的客户体验不好。当年年会，刘强东特意提到，在网络上可以直接接触终端消费者。这意味着京东可以第一时间感知消费者，优化服务水平。

2009 年，京东成立集约化客服中心。在"客户为先"的指导理念下，京东客服成为中国电商行业规模最大、服务和技术能力领先的优质客服团队。

第 一 章 　 重 新 认 识 "增 长"

2013年，在京东内部"休养生息"系列培训班上，刘强东对改善用户体验进行了概括总结，并以"店小二"进行解释。他指出："我觉得我们都应该抱着一个'店小二的态度'。店小二是什么？店小二是在古代的餐馆中提供服务的侍者。简单来说，就是为卖家提供服务且姿态放低的人。"

售后服务意识在京东的血液里茁壮成长，成为今日京东为人所称道的显著特色。2014年，一则京东售后服务的故事广泛传播，再次展现了一家"客户至上"企业的魄力。

当时，京东售后员工朱童如往常一般接入系统，准备一天的工作。忽然，一则消息映入眼帘，吸引了朱童的注意力。原来，一名来自云南的客户提到，自己的产品被骗走了。这一事件并不属于售后服务的范畴，但是朱童仍然与客户取得联系。最终得知，客户产品出现故障，遂交由网上认识的数码商修理。结果，产品寄过去之后，数码商便消失了。多次联系无果之后，客户意识到被骗，于是求助于京东售后服务。没想到朱童利用工作之余，联系上数码商，警告对方涉嫌诈骗后，最终替客户要回了产品。

## 低价，则是第三把火

市场上产品价格总有波动，比如受供求关系影响，受外部环境影响等，都会导致产品价格上下浮动，宛若一条波浪线。

获取更多的利润是许多企业的目标。不过，京东坚持以低价获客，建立市场竞争力。在竞争者们都卖一块钱的时候，京东将同样的商品卖到九毛钱。这并非意味着京东赚钱少。卖更低的价格，却能赚取与别人高价相同的利润，京东的核心竞争力就体现出来了。

低价，并非恶意破坏市场秩序。其本质是坚持薄利多销，一方面可以吸引更多的客户；另一方面，则是做大自身规模。京东的低价策略，不是降低自己的利润，而是降低自己的成本。物流系统、信息系统、财务系统的强力支撑，奠定了京东的低价基础。让利于消费者、让利于合作伙伴，打造多赢局面。

京东认为，只有与自己合作的供应商赚到钱，只有消费者买到货真价实的产品，京东才能存活。这带来的直接结果便是京东的用户黏性极强。在不断发展的过程中，京东与用户建立了非常紧密的关系。

于是，增长成为水到渠成之事。

数据印证了京东点燃"三把火"的成效。以创业初期为例，1998年年底，京东便净赚30万元。两年后，京东规模达到了1000万元。对比当时其他商户一年几十万元的盈利，京东已经遥遥领先。

## ⊙ 提升产业效率

一种业态能够取代另一种业态的关键因素之一，在于效率的提升。

以零售为例，其现代发展历程大约有四个阶段。从集贸市场到大商场，到连锁店，再到电子商务，每一种新业态都包含着效率的提升。否则，就不会有存活的生命力，更别提增长了。

京东对效率的认知，来自创始人的切身感受。

2018年，刘强东在牛津大学演讲时，提到了一个让自己印象深刻的场景。一件货物在柜台搬来搬去，既没有为社会创造任何价值，也没有为行业创造任何价值。它带来的都是损耗，是没有意义的浪费。❶

什么叫货物无意义、无价值地搬来搬去？

一个比较形象的表现是，消费者在中关村电脑城买电脑。联想不零售，会找神州数码，神州数码不接触终端消费者不零售，便会找代理商代理，而代理商不零售，则找柜台零售。如此下来，意味着电脑会经历一段"奇幻"的旅程，即电脑从联想工厂搬出来之后，会先进入神州数码的仓库；然后从神州数码的仓库跑到北京代理商的仓库里；接着，电脑要从北京代理商的库房跑到经销商的库房；最后从经销商的库房跑到每个柜台的库房。历经"九九八十一难"之后，才到达消费者手中。

在此过程中，电脑几番搬运，都是成本的递增。更别提电脑在搬运过程中还会出现损耗。

这是一条与增长无关的搬运链。京东认为，进入行业的人，必须打造一个为消费者、合作伙伴带来价值的供应链体系，而这种无

---

❶ 金融界.刘强东牛津大学演讲：京东从来不碰看上去完美的行业 [EB/OL].（2018-06-13）. https://baijiahao.baidu.com/s?id=1603151171121093160&wfr=spider&for=pc.

价值的商业活动总有一天会消失。

正因如此，直销❶的概念在京东基因里悄然而生。2003年，因"非典"而不得不转入线上作战的京东，便在强调直销二字。当时，京东并没有中间渠道，旗下的所有产品都是厂商直出。这便保证了京东实现价格最低、质量可控，且供应链效率最高。

但是，随着互联网电商的不断发展，如何更快更高效地送达产品，成为京东思考的关键方向，尤其在许多客户抱怨产品到货慢、破损多的时候。然而，依托于当时的社会化物流，京东面对这些难题无法破局。于是，物流体系应运而生。

自建物流这一外界无法理解的举动，为京东的后来发展奠定了强大的基础，也在很大程度上挖深了京东的护城河。作为供应链的一部分，物流的强势加持，不仅提升了京东的效率，更在行业树立了标杆。以综合费用率、库存周转天数为例，可以看到京东在零售行业的效率优势。

## 综合费用率

早在2018年，京东公布的数据便显示，其整个供应链，整个零售部分，京东的自营零售综合费用率不到10%。即便放眼全世界，当时综合费用率能够做到10%的企业都不过两三家。就像美国的Costco，凭借着高效率的模式，在费用率不到10%的基础上，实现

---

❶ 指直销企业招募直销员，由直销员在固定营业场所之外直接向最终消费者推销产品的经销方式。

了在11%～12%的毛利率区间内获得良好利润的可能。而在中国的大部分零售商，毛利率需要在20%以上才能盈利，也就是说，成本须控制在15%～20%。❶

这意味着什么？

举个例子，别人卖100元的电器，要付出15～20元的成本。但京东的成本不到10元。低成本给了京东让利的底气，消费者和供应商都可以从中获益。

## 库存周转天数

库存周转天数，不仅可以衡量企业生产经营各个环节中存货运营效率，还可以用于评价企业经营的业绩。

一般来说，库存周转天数越低，企业的运营能力越强。而漫长的库存周转天数，意味着将占据大量的流动资金。线下卖场想要保证自身经营的安全性，通常向上游卖家先拿货，等到一定时间限制内卖了一定的货物，再向上游卖家付款。由此，上游卖家不仅被占据大量流动资金，整体利润也不高。这带来的直接结果便是在线下时代家电商场的净利润远远超过家电品牌企业。

自建物流，京东经历了长达14年的连续亏损之路。2018年，刘强东的公开信中提到，截至当时，京东物流亏损超过了23亿元。实际亏损额达到27.65亿元。但是亏损的另一面，则是京东对整个行业

---

❶ 高小倩. 刘强东：今年京东便利店每天要新开1000家，单店月收入超8000元 [EB/OL]. 36氪.（2018-04-12）. https://www.36kr.com/p/1722429587457.

日渐加深的影响。

极致压低的库存周转天数，逐步印证了京东在物流方面孤注一掷的魄力的正确性。

2020年8月，京东库存周转天数再破新低，降低至34.8天；2020年第四季度，京东发布的财报显示其库存周转天数降低至33.3天；2021年9月，这一数字已经降低为31天。

稍加对比便能明了京东刷新的这一数字带来的震撼意义。即在京东自营商品超过900万的SKU（商品数），从入库到清空，整个流程只需要31天。放眼全球，即便是Costco也无法与京东比肩。因为Costco库存周转天数虽与京东相差无几，但是其SKU只有几千，远远低于京东。

天下武功，唯快不破。京东创造了一种速度，对整个行业而言，这是一次效率的洗礼。尤其需要注意的是，这种速度改变了过去上游卖家与商场卖家长久以来盈利偏差过大的状况。上游卖家的资金被占用时间大大减少，其发展风险也大幅度下降。这是京东的一大步，也是行业的一大步。

一则对比数据可以显示京东为行业带来的影响。2008年之前，中国家电行业的平均利润率不到2%。到2015年时，这一数字已经增至5%。

回到最初，建设供应链体系的初衷，就是减少复杂冗长且多余的过程。基于此，价格回归价值。从消费者层面来说，一种更加公平的购物体验得到保障。

# 第一章　重新认识"增长"

过去，商品在不同类别的地区，具有不同的价格表现。一线城市能买到的产品，在小县城实在难见踪影。即便县城有该产品，价格也与一线城市相差较大。比如，一线城市一款产品卖100元，几经周转到小县城便能达到130元。即地区越偏远，产品价格越贵。行内人清楚，正是过去的价格信息不透明，导致家电产品的价格区间较大。

京东的出现，犹如刺破薄雾的尖锐光芒，也在一定程度上招致行内不满。极具代表意义的是，2012年左右，京东直接从北京进货，以统一的价格卖到全国。

对消费者而言，京东的商业模式创建了一种平等的消费氛围。但是，正如硬币存在两面一样，对同行而言，京东的所作所为无疑冲破了过去许多年来行业约定俗成的规矩。

毋庸置疑，更加清晰的价格体系得以形成，更加公平的消费环境得以形成。一家企业的价值创造，便在这冲破层层分销体制的过程中逐步加深。

京东提到，自己的终极目标是只搬运两次，即产品直接从工厂大门，经由京东物流送达消费者手中，连京东的库房都不用进。这当然是有关未来的畅想，但京东始终在尝试触及这一畅想。

# ⊙ 降低社会成本

降低社会成本、推动社会发展，是京东多年发展的重要追求，也是企业持续健康增长的重要核心。正如创始人刘强东提到的，今天所有活下来的互联网企业，都为行业带来了成本的下降和效率的提升。

以腾讯会议APP为例，其一经发布便呈现爆发式增长。《在线会议社会价值与未来发展报告》显示，在2020年1～5月这5个月内，腾讯会议节约了714亿元的社会成本。

商业领域是一个典型切片。2020年以来，腾讯会议作为重要接洽平台，助力企业实现面试招标、远程签约、内部会议举办等。腾讯会议各个方面的便捷效应，正在深度助力城市经济发展、社会成本降低等。

对京东而言，降低社会成本集中体现在两大方面。

## 抓速度、提效率

以物流为例，高库存周转天数和高货物搬运次数，提高了商品的流通成本。因此，2007年，京东设计商业模式时，决定从这两个环节突破，通过自建物流，走自营为主的商业模式。

京东自建物流，对整个行业产生了很大的影响。过去，中国的快递服务水平比较落后，难以让消费者满意。京东入局，通过提升用户体验，逐步改善行业的发展水平。比如，京东是全国第一家实现所有投递过程、售后服务过程可视化的公司，同时也是第一家真正实现物联网最核心技术的公司。

在全球电子商务领域，京东的表现仍然不俗——京东是第一家当日送货的公司，尤其是211服务在行业打响了具有深远意义的一枪。京东在物流方面的建设，倒逼行业作出改变，在一定程度上促进整个物流行业更上层楼。

正如创始人刘强东曾强调的："今天整个中国的快递业确实有巨大的进步。实际来说，这是京东在逼迫着市场上的快递公司、物流企业重视用户体验，迫使这些企业和公司加速发展，是我们在逼着他们往前跑。"

最终，经过整个社会多年努力，中国社会物流成本在GDP中的占比由2007年的18%降至2020年的14.7%。这是非常好的现象。不过对比发达国家，其社会物流成本多控制在10%以内，这意味着中国仍然还有相当长的路要走。

2020年，京东提出，希望未来10年，通过构建数智化社会供应链，与合作伙伴携手将这一数字降低至10%以内，向发达国家看齐。在此过程中，技术将是实现弯道超车的重要保障，而速度和效率仍然是京东的重要目标。

无独有偶，京东入局农村板块，同样是谋定速度与效率而动。在原料与渠道方面，京东希望为农户创造更优越的条件。比如，原料方面，京东希望填补城乡之间的产品、服务价格差异，让农户以更少的钱购买到优质的种子。京东的物流体系，可以从工厂到田间高效率运转，同时严控种子质量，为农户节约成本。

当种子从种子基地到农户手中，不再需要经过重重种子站的间隔，效率得以提升，成本得以降低，农户的收益实现最大化。这便是京东的价值所在。

京 东 增 长 法

## 促就业、增税收

税收、就业，则是京东为社会发展带来积极意义的另一大方面。毋庸置疑，企业的存在自然会带动就业、增加税收。但京东的不同之处在于，其一边根植于实体经济，一边又拥抱了互联网电商。

正因如此，与阿里巴巴依靠平台模式盈利不同，京东更多依靠自营产品盈利。如果说阿里巴巴是轻模式，那么京东毫无疑问是重模式。重，意味着资产投入大，人员投入大。

这带来的直接结果是，京东带动了大量的人员就业。京东集团发布的2021年第二季度财报显示，截至6月30日，京东体系上市公司与非上市公司员工总数接近40万人。与2020年同一时期相比，增加了将近12万人。

一直以来，就业都是最大的民生工程。社会要稳定发展，保障就业始终是重头。京东带动的庞大就业人口，无疑为社会的稳定发展奠定了重要基础。

值得一提的是，突如其来的疫情打破了许多人的生活格局。人们无法出行，更无法外出购物。基于此，电商平台的需求量被大大提高。相对应的则是线下服务行业、中小微企业生存压力陡然增加。

在此情况下，京东积极利用自身平台在营销、物流等方面的优势，支持中小商家进行自救。比如，在投入1亿元扶持平台商家的基础上，再次追加投资以确保助力商家发展。

与此同时，疫情导致企业破产，员工下岗，生活的压力接踵而至。京东则面向社会提供了超过35000个就业岗位，以减少疫情对就业的冲击。

　　企业持续健康增长的过程中，势必会为社会带来正向价值。而京东的发展目标，正是以"为用户创造价值、为社会创造价值"为核心。这一核心蕴藏着"为美好生活而创造"的企业愿景。

# 第二节
# 自我更新

## ⊙ 打破抛物线

　　诞生、成长、繁盛、衰落，若四点绘成一条抛物线，便勾勒出一家企业的发展轨迹。一般来说，任何事物的发展脉络，都遵循这条抛物线所呈现出的原理。

　　但企业的不同之处在于其可以通过各种方式延长自己的寿命。这里，便要引入第二增长曲线的概念。欧洲管理思想大师查尔斯·汉迪提到，如果企业能在第一曲线到达巅峰之前，找到带领企业二次腾飞的"第二曲线"，且在第一曲线达到巅峰前，开启第二曲线的增长，那么企业永续增长的愿景就能实现。

　　在企业的发展过程中，有许多条"第二增长曲线"。比如腾讯，这家最初效仿ICQ创建的即时通信公司，依靠QQ这一款产品奠定了后期腾讯庞大商业帝国的重要基础。2005年，腾讯的第二增长曲线——游戏，正式登上时代舞台。而后，腾讯更多的增长曲线构筑了今天人们娱乐生活的日常，比如微信、腾讯视频等。

如果以同样的眼光看待阿里巴巴，也可以得出类似的结论。这家号称要存活102年的企业，寻觅并开拓了诸多第二增长曲线。比如，在阿里巴巴发展迅猛之际，针对C端用户的淘宝悄然上线，并在日后深刻改变了人们的日常购物方式。而在淘宝发展面临一些诟病之际，天猫的上线则可以看作是淘宝体系的"第二增长曲线"。此后，阿里巴巴旗下又相继诞生了支付宝、钉钉、菜鸟等产品，为企业生命之焰添加柴火。

打破抛物线的桎梏，保证企业的持续增长，同样是京东的发展逻辑。不过，京东有其与众不同的增长思路。

最明显的特征是，京东更倾向于自我培育。与腾讯、阿里巴巴等企业不同，京东的增长几乎都是基于自身土壤孕育而来的新的增长体。外界有一个不成文的说法，阿里巴巴倾向于全资收购，腾讯倾向于投资，京东则倾向于内部孵化。

过去这些年，阿里巴巴在O2O领域收购了饿了么；在文娱板块收购了优酷土豆、大麦网等；在商超零售板块收购了银泰百货等。相较而言，京东旗下的各个跑道都有内部生长的意味。无论是京东物流、京喜还是七鲜，都由京东内部孵化而来。

抛物线总有下滑的时刻，持续保持自我更新，挖掘新曲线是维

第 一 章　　重 新 认 识 " 增 长 "

持企业生命力的不二法门。以京东初期的发展脉络为例，试着探讨下其是如何打破抛物线的桎梏的。

回到2001年，彼时京东已经占据了中国60%左右的刻录机市场，可谓风头无两。但这时，中国台湾的致盛集团进入北京，为抢占刻录机市场，挑起了一场价格战。京东身处其中，不得不迎战。最终，这场有关刻录机代理竞争的价格战，京东亏了近100万元，对方公司亏了几百万元。

以弱胜强，风险之战。京东第一次萌发了转型的意识。

虽然此刻是京东抛物线的极盛之时，但下一刻发展成何种态势并非未知事件。如果京东仍然依靠当前的批发模式，将没有任何优势可言。因为批发模式意味着京东的货源依赖于厂商。如果厂商不给货，京东卖什么？此外，客户也并不属于自己，而是属于中关村的各个柜台。这意味着，京东"上"搞不定货源，"下"接触不到终端，是夹在其中的角色。而中间环节，迟早有一天会被砍掉。

往下做，做终端用户，做成IT界的国美、苏宁，成为这一时期京东的发展战略。京东开始舍弃原来的增长方式，转向以门店经营方式为主。虽然盈利能力大不如前，但发展方向已经确定。

计划赶不上变化。2003年，突如其来的"非典"打破了人们的正常生活轨迹。正忙着"遍地开花"的京东，顿时陷入困境。下滑，而后归于寂静，几乎是板上钉钉的事实。据刘强东自己估算，当时有12个门店，且租金一分不少。同时，员工的工资费用不能少。这样算下去，6个月不开张，公司就会倒闭。看着库房里的货物价格一天天下跌，紧张的气氛日渐浓重。这时，不知道是谁说了一句：既然门店不能开，不如到网上卖东西。

2003年，一场"非典"催生了淘宝这个影响人们日常生活的电商平台。同样地，也促进了京东的转型，奠定了日后京东强大的发展基础。京东正式进军电商，并再次打破了抛物线趋势，获得了保持增长的能力。

打破当前增长局限，寻求新的增长点，是企业持续发展的动能。幸运的是，京东的发展脉络上，始终存在破局与造局的概念，促使自身不断地生长。

## ⊙ 我们靠什么增长？

企业生存发展的重要立足点是其赢得市场的关键要素，也是其增长的核心动力。聚焦京东，以2009～2019年的时间区间为例，京东在这10年间收入实现了快速飙升——增长了196.6倍。

就国际范围而言，在这10年里，京东甚至一举超过了亚马逊、谷歌、脸书在内的众多科技公司。[1]就国内范围而言，虽然阿里巴巴、拼多多的竞争压力时刻追随京东，但是京东始终保持着中国电子商务第二大平台的江湖地位。

一路走来，京东靠什么增长？

---

**❶** 周秀成. 京东（JD）：电子商务领域的优质品牌 [R/OL]. （2020-03-26）. https://robo.datayes.com/v2/details/report/4202158?tab=original.

京东内部总结，企业持续多年增长的关键就在于倒三角战略。所谓倒三角，包括团队这个核心基础，以及物流系统、IT系统、财务系统这三大支撑，实现成本下降与效率提升，最终让用户感知京东的产品、价格、服务是优质水准。

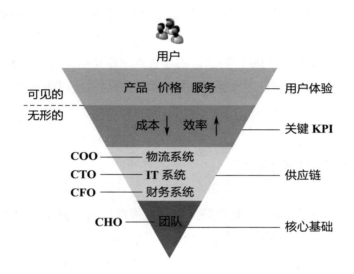

团队是倒三角战略的尖端内容。

作为京东的创始人，刘强东极其看重团队。他认为：如果一家公司失败了，问题绝不出现在钱上，而是人出现了问题。公司成功和失败永远是团队的问题。

各个企业都在打造自身的优质团队。比如，阿里巴巴认为优秀的团队不应该是刘备团队，而应是唐僧团队。京东则认为最符合其价值观的团队是80%的钢与20%的金子。

京东将人分为五类，从上至下分别是金子、钢、铁、废铁与铁锈。

所谓金子，无论是价值观还是工作能力，都是团队里的拔尖人物。一般来说，金子代表的就是公司的高管。钢，则是多数员工，是企业的支柱力量。这类人价值观与公司一致，只需要放在合适的位置，便能发挥自己的力量。铁，则是价值观匹配但能力不足的人。这类人经过锻炼，便能转化为钢。废铁，则是价值观与能力都不匹配的人，这类人需要排除在公司之外。铁锈，则是有能力，但是价值观不一致的人。需要注意的是，这类人具有极强的破坏能力，如果团队发现铁锈，必须迅速剔除，避免锈化其他员工。

京东为什么要打造80%的钢与20%的金子的团队？

其背后呈现的正是二八定律。应用到企业中，二八定律指的是20%的骨干可以带动80%的员工提升企业的运作效率。京东认为，团队要保持稳定，必须在比例上下功夫。遵循二八定律就是关键。

京东前期的发展历程便是印证。初期，京东团队偏草根性质，学历水平普遍不高，且专业能力欠缺，但是这一团队充满激情、吃苦耐劳。2006年之前，京东员工的物质条件很差，员工从早上8点一直工作到晚上10点，周末只休息一天，加班是常态。但是，在创始人的带领下，团队战斗力不容小觑。此时，二八定律的效应得到了超水平发挥。

团队之上，则是起支撑作用的三大系统——财务系统、物流系统、IT系统。

可以将这三个系统比喻为一座城市的基础设施。判定一个城市

第 一 章　重 新 认 识 “ 增 长 ”

规划是否合理，需要从这些基础设施上去寻找问题和方案。❶

这三个系统与成本、效率紧密相关。因为基于这些系统，可以实时查看数据。了解效率是否提高，成本是否下降。如果没有，还可以分析问题出在哪里。

以 IT 系统为例，京东所有的业务都是基于信息系统开展的，它是公司的火车头、引领者。简单来说，京东所有的资产、物件都与信息系统紧密挂钩。哪个产品放在哪个库房的哪个货架，甚至是第几层，工作人员都可以通过信息系统查看。

系统如何与效率、成本挂钩？

举个例子，除清洁工外，京东所有员工的工作都要经由信息系统完成。比如，打包员打完包，需要借助信息系统进行扫描。一个动作完成，系统便知道这个包由谁打，耗时多长。

信息系统甚至可以计算出打包员是否浪费材料。因为系统可以计算出某个产品应该使用哪种纸箱，如果打包员为了节约时间，提高效率，拿更大的纸箱装产品，无疑会浪费公司材料，增加成本。通过信息系统，管理者可以更好地发现问题、解决问题。

倒三角战略的顶端，是用户最关注的三大核心，即产品、价格、服务。

京东所构筑的倒三角战略，类似于一座冰山。沉于海底的是团队、三大系统优化下的成本与效率。浮出海面的则是产品、价格与

---

❶ 刘强东口述，方兴东访谈、点评，刘伟整理. 我的创业史 [M]. 北京：东方出版社，2017：115.

服务。浮出海面的内容，才是用户所关心的内容。因为用户来京东购买产品，是基于京东的产品正、服务优、价格低，他们并不会关注支撑京东发展的复杂系统。

倒三角战略体现了京东真正的核心竞争力——既能实现好的服务品质，又能实现低成本。这是京东"赢"的重要支点。值得一提的是，倒三角战略是2004年发展至今京东始终坚持的战略。其支撑着京东增长发展，成为电子商务领域的优质品牌代表。


# 第三节
# 雪球滚动


企业向上发展的态势，犹如持续滚动的雪球。持续，是正在进行的状态。如何让雪球持续滚动，始终保持增长状态，是许多企业苦苦寻觅的生存法则。聚焦京东，其可持续发展的背后，是绿色环保、合作伙伴、员工构筑的坚固三角。


## ⊙ 环境：绿色低碳

作为外部因素的环境，看似是一个宏大而无关的要素，却也是最不可忽视的部分。尤其对中国而言，作为世界上最大的能源供给国与消费国，环境问题始终被放在至关重要的位置。2020年9月，中国在第75届联合国大会上庄严承诺："中国将提高国家自主贡献力度，采取更加有力的政策和措施，二氧化碳排放力争于2030年前达到峰值，努力争取2060年前实现碳中和。"

相应地，企业除了谋求经济效益，还要谋求"碳指标"。作为一家兼具实体企业属性与数字技术能力的企业，京东一直非常重视绿色环保。

2021年4月，京东发布首份ESG报告，提出要响应中国的碳达峰、碳中和目标。

这基于京东的企业性质。京东清楚，电商的兴起，不仅改变了人们的消费方式，也带来了数量庞大的消费垃圾。根据中国包装联合会数据，2020年中国包装行业规模以上企业营业收入达1.01万亿元。按照通用规则来计算，中国包装行业产生的二氧化碳总排放量高达1亿吨。

面对如此庞大的消耗，京东选择以技术为突破点，朝绿色低碳的方向发力。自2017年宣布全面转型技术以来，京东进入发展的快车道。2021年11月，京东发布第三季度业绩，低碳减排方面的内容尤其引人关注。

财报显示，来自京东平台上的单位订单IT资源成本已下降30%，京东云采用液冷技术部署在其数据中心，全年运行PUE值低于1.1，基础设施的能耗节省30%，碳排放总量减少10%。同时，已经全量上云的京东物流业务，在2021年京东"双11"大促期间，更是在

储、包、运全链路节能，减少2.6万吨碳排放。<sup>❶</sup>

## 绿色供应链

2019年10月，"科学碳目标"倡议中，就已经出现京东物流的身影。不仅如此，京东物流还成为国内首家承诺设立科学碳目标的物流企业。

青流计划，是京东绿色低碳供应链体系卓有成效的一个举措。该计划是2017年6月，京东物流牵头，联合宝洁、雀巢等九大品牌，共同发起的绿色供应链计划。青流计划的目的是从减量包装、仓储、运输等多个环节通力合作，来实现低碳环保和节能降耗。2018年，青流计划全面升级，成为整个京东集团可持续发展战略。

2020年"双11"期间，青流计划发挥了巨大的作用。数据显示，青流计划在包装、仓储、运输、回收各个方面发力，减少了一次性包装垃圾10万吨，循环中转袋平均使用率超过90%。

技术加持，为供应链更绿色、更智慧奠定了强势基础。尤其京东物流全面上云后，效率迅速提升，节能减排更胜以往。

在储存环节，陕西西安"亚洲一号"智能产业园区是典型场景，这里30万平方米的屋顶安装了光伏发电设备和储能设备。作为主流清洁能源，太阳能光伏发电将成为全球经济社会可持续发展的重要

---

❶ 中新经纬.京东Q3财报发布：研发投入750亿，京东云加速"双碳"实现 [EB/OL].（2021-11-18）. https://new.qq.com/omn/20211118/20211118A0A25N00. html.

第 一 章 重 新 认 识 " 增 长 "

支撑和保障。京东借助这一技术，为其智慧园区提供了丰沛的绿色能源。

在运输方面，2021年，全国50多个城市拥有了京东物流投放的新能源车，每年减少约12万吨碳排放总量。在包装环节，2021年"双11"期间，京东累计减碳2.6万吨。

## 一朵低碳云

在绿色低碳方面，云计算的想象空间有多大？

据国际数据公司IDC预测，2021～2024年，如果继续采用云计算，可以减少超过10亿吨二氧化碳排放。❶低碳云，已经从概念逐步照进现实。

绿色是高质量发展的重要底色。京东集团副总裁、京东科技京东云事业群基础设施研发负责人符庆明表示，京东云新一代绿色数据中心，就是实现"最低碳的云"这一目标的最重要环节。多年来，京东力争打造"最低碳的云"，走绿色健康的增长之路。

其中，京东云的数据中心主要通过技术架构、产品创新、绿色能源发电等方式，实现高效低碳环保。比如，持续增加可再生能源如风能、太阳能的应用比例，扩大绿色低碳的应用面积。又如，京东逐步将高能耗业务向西部转移，借助西部的清洁能源降低对不可

---

❶ 中新经纬.京东Q3财报发布：研发投入750亿，京东云加速"双碳"实现[EB/OL].（2021-11-18）. https://new.qq.com/omn/20211118/20211118A0A25N00.html.

再生能源的依赖。

不难发现，基于京东云这一超级运算大脑，其清洁高效的能源体系得以逐步构建。

推动自身产业绿色发展，实现低碳环保可持续，是企业未来的发展方向，也是助力双碳目标实现的有效方式。未来，京东的绿色发展还有何种创新，值得行业期待。

## ⊙ 伙伴：正和游戏

正和游戏，是指结果为双赢或者多赢。与之相反的概念则是负和游戏，即博弈双方即使有一方赢，但是付出的代价极为惨重，可以看作没有赢家。

京东的发展之路，是从竞争厮杀，转向竞合共赢的道路。

2012年，京东与国美、苏宁掀起了一场激烈的价格战。商场如战场，一场价格战打得你死我活、腥风血雨。竞争厮杀在这一场战争中演绎得淋漓尽致。

八年之后，枪林弹雨烟消云散，家电市场低迷不振，合作共赢成为新的发展趋势。于是，昔日对手，今朝队友。2020年，国美零售和京东宣布启动300亿元联合采购计划，涉及的品类包括电视、洗衣机、冰箱等传统大家电，以及小家电、3C等产品。

显然，这只是京东与伙伴走向合作共赢的一个切面。在更为广阔的合作中，京东不仅突破了自身局限，还创造了另一番图景。

## 京喜破局

一直以来，京东的发展优势和短板非常明显。基于自建物流，京东的供应链优势明显。但是，自营的强大优势挤压了平台生态的发展空间，使得第三方商家在京东平台发展有限。

社交电子商务平台京喜独立，在一定程度上缓解了自营业务和平台生态的矛盾，成为京东破局的重要一招。这是因为京喜筛选出的用户，比起自营和物流这两大要素，更关注性价比。这一类用户更适合第三方商家留存运营。❶

京喜快速进入下沉市场并俘获消费者青睐的关键要素在于与腾讯的携手合作。自2014年开始，腾讯便是京东的主要战略合作伙伴。此次京喜独立，腾讯同意在微信和QQ中提供京东的一级接入点。基于社交属性，消费者可以与朋友通过应用程序进行团购交易，并享受折扣。

利用腾讯庞大的用户群体，京东收获了下沉市场的目标用户。以2019年"双11"为例，京喜的新用户中约有75%来自中低线城市。❷腾讯作为京东的股东，显然清楚这是一次1+1>2的优质合作。

如今，京东对腾讯的流量入口依赖逐步减少。其不再是传统意

---

❶ 夏君，夏天，朱若菲. 京东集团-SW（09618）：破局再造，让去中心化流量星火燎原[R/OL].（2020-07-19）. https://robo.datayes.com/v2/details/report/4286656?tab=original.

❷ 周秀成. 京东（JD）：电子商务领域的优质品牌[R/OL].（2020-03-26）. https://robo.datayes.com/v2/details/report/4202158?tab=original.

义上的互联网零售企业，而逐步转型为以供应链为基础的技术与服务企业。但是与伙伴的合作共赢仍旧是京东发展道路上的重要选择。

## 京东跨界

2020年京东宣布与快手展开合作。

京东向快手开放自身的优质供应链，将优势品类商品提供给快手。快手则将自身最为突出的流量优势献出，并将APP上购买窗口，如直播入口、小店入口放上京东自营产品。当快手用户看到信息，便可直接点击购买。同时，用户还可享受京东的优质配送服务、售后服务。

2020年"6·18"期间，京东与快手联合推出"双百亿补贴"计划。作为"快手品质购物节"的重要组成部分，提前两天的"6·16京东快手品质购物专场"活动中，当天支付金额便达到了14.2亿元。

整体而言，京东优势的强力加持，使得快手电商发展逐步深入，不仅获取高品质产品和优质服务，还有着极具诱惑力的低价格。京东则从快手寻求更多的流量，揽获更多的客户群体。

选择一场正和游戏，就意味着选择了合作共赢。在竞合成为发展的主流之下，京东一直在坚持做大蛋糕、与伙伴共赢，保持健康发展，持续增长。

## 物流助航

京东物流，也可以看作是一个正和游戏的典型案例。由于社会化物流有其自身的局限性，比如依靠加盟制，物流公司对加盟商没有控制力，这导致京东发展过程中有很多痛点无法解决。基于此，自建物流成为根本解决方案。

2020年，京东物流与 Blue Yonder 集团有限公司签订了战略合作意向书，通过资源共享，推动中国及全球供应链的转型升级。

此外，这些年京东始终在库存周转天数上发力，并不断创下新纪录。其中，库存周转天数的降低带来了一个直接的成果——京东以及平台的合作伙伴，都将受益于较高的周转效率，使得库存成本大幅度降低，可谓创造了一个共赢大局面。

比如，2019年前后，京东为帮助品牌商节约成本，与矿泉水品牌开展了系列合作，实现了资源的优化整合。具体而言，以高频饮用水为例，将从仓库到配送站的配送方式改为消费者下单之后，订单自动分配到距离最近的水站。通过这种方式，提高运营效率，为商家和消费者提供便利。

## 技术共享

技术，是京东一直打造的强势力量。2018年，脱胎于金融的京东数字科技（以下简称京东数科）转换赛道，尝试进入数字化的红海。与所有提供数字化解决方案的企业一样，京东数科在深入业务场景、理解行业痛点的基础上，也输出了自己的一套方案。

京东数科研发了第一台面向大型商业银行的机房巡检AI机器人。截至2020年，AI机器人可以在30秒内完成单个机柜的巡检，达

到98%以上的检测准确率，每年能帮助银行降低50%的数据中心的机房运维成本。❶

此外，作为京东旗下对外提供技术服务的平台，京东科技云截至2021年6月已经为超过120万家中小微企业、1300多家大型企业提供了数字化解决方案。这同样是为伙伴赋能、共同协作的典型代表。比如，京东工业品推出的工业品专属采购平台，解决了工业品采购过程的诸多痛点，节约了相关企业的人力、物力与财力。

2020年底，京东成立京喜事业群，再次印证了合作共赢的理念。疫情防控期间，企业转型升级面临压力。但是通过与京喜合作，企业开拓市场，可塑造自有品牌。对于运营能力较差的商家，京喜还会提供一对一的指导，帮助商家更快提高订单量。

## 让利共赢

让利，是正和游戏的重要体现之一。亚马逊是典型代表。20年"零利润"策略，高高竖立了亚马逊的围墙。长时间的"付出"，最终换来了秋收的时刻——以2018年数据为例，亚马逊全年营收2329亿美元，同比增长31%。当年，亚马逊成为全球市值第三的公司，创始人贝索斯亦登顶福布斯全球富豪榜。

京东亦是如此。

数据显示，2021年上半年，京东健康的毛利率连续两年同比下

---

❶ 李晖. 京东数科进化：挖掘产业增长的第二曲线[EB/OL]. (2020-07-25). http://baijiahao.baidu.com/s?id=1673154984789103828&wfr=spider&for=pc.

降超过1%。

毛利率下降，可以看作是京东坚持选择正和游戏的重要体现之一。值得一提的是，毛利率下降是京东健康主动为之的结果。这背后呈现的是京东典型的三毛五理论——京东如果有机会赚一块钱，则只拿走其中的七毛，剩下的三毛给合作伙伴。七毛中的三毛五当作员工福利和激励，剩下三毛五则用于企业的未来发展。

独行慢，众行快。在共同的大生态里，京东相信与伙伴一道成长，才能成就更长远的事业。

## ⊙ 员工：核心动力

员工是雪球持续滚动的核心动力。如果把企业看作一栋不断升起的高楼，员工无疑是一块块坚实有力的砖瓦。如何保障员工的能动作用，助力企业持续增长，是一个复杂的难题。

归根结底，要站在员工的角度思考问题。比如华为，创始人任正非受幼时经历影响，于公司设立员工持股制度。通过利益分享，团结员工，激发员工的积极性。比如茅台，基于强大的地域属性，将人紧密连接，拧成一股绳，形成一种特殊的人企关系——每个员工都将自己看作是茅台的代言人。

京东也不例外。考拉看看头部企业研究中心始终认为，一家企业的风格与战略，与创始人的经历、思维紧密相关。刘强东出生在苏北贫困农家，特殊的经历让他深刻感知到生活的艰辛。正因如此，京东在保持员工核心动力方面，拥有一套完整的员工策略与方法。

在企业内营造氛围浓厚的家文化，是京东保障员工核心动力的基础。

让员工将企业当家，是许多公司试图打造的企业文化。比如，无印良品社长松井忠三希望，培养一批"生在无印，长在无印"的员工，让员工有归属感、成就感，身处企业就像身处另一个家。员工无法离开企业，正如人无法离开家。

茅台在营造家文化方面独具一格。很大程度上，地域属性是一个巨大的牵绊。本地人或具有亲属关系的人，大多都进入这家企业。特殊的当地文化与情感上的共鸣，让他们紧紧连接。同时，茅台的含义尤其深刻——不仅是当地的支柱性产业，还是茅台人生活强有力的支撑。在亲缘关系与生活支撑的双重属性加持下，爱茅台与爱家庭，自然形成了等同关系。

京东不同。它既没有与日本企业类似的文化基底，也无法如茅台一般依靠地域属性拉近员工距离。那么，京东如何营造家文化呢？

## 树立同甘共苦的创业理念是首要

京东一路走来，极具艰苦奋斗的气质。2003年"非典"时期，京东被迫关闭线下门店。当时中关村许多企业老板要求员工出去工作，否则就将其开除。但刘强东明确表示："兄弟们，我们把门店都关了。如果你们当中有任何一个人感染了'非典'，我这一辈子都不会心安。"

第 一 章　　重 新 认 识 " 增 长 "

浓重的兄弟情，迅速夯实了京东的企业文化，也为京东"打天下"塑造了强有力的后盾。此后，伴随着企业的不断壮大，京东这一兄弟文化始终不曾褪色，并持续助推着京东走向更加广阔的未来。

## 营造平等交流、自由沟通的氛围

通常，刘强东出差去某一个城市时，就会选择该城市中一个京东的配送站抽检。傍晚时分，他会跟十几个一线配送员一起吃饭聊天。一线配送员大多出自农村，这与刘强东自身经历类似。正因如此，一般15分钟内，他就能带动一线员工敞开心扉。

沟通、反馈、调整，一整套贯之有效的流程，形成了正向效应，为京东的人员状态稳定奠定了强有力的基础。

## 强化员工的归属感

京东有一点为人瞩目：凡是在这里工作满五年的，即便是一线的配送员，大多都能在老家县城买一套房。京东认为，归属感不是办公室的氛围打造，也不是豪气冲天的口号。给员工希望，就是给他们归属感。员工有奔头，企业才有活力。

京东与员工分享财富，让员工真正成为公司的创业者之一。正如刘强东所言："如果每个创业者都拿出70%、80%股份，免费赠送给员工，公司的战斗力绝对强劲，什么竞争都不在话下。"这样，员工既有归属感，又有奋斗的激情。

归属感还来自企业对员工及其家庭的关怀。京东华北分公司曾有一名员工，在母亲生重病的时刻，还坚守岗位。刘强东得知后，对相关管理人员进行了严厉批评。他表示，如果自己的家人生病需要子女在身边时，我们一定要陪在家人身边。这是比京东盈利更重要的事情。

京东试图营造一种"家"的感觉，但公司不能强迫员工把这里当家，关键在于公司自身要有家的感觉，这样，"孩子"才会待在这里；否则，离家出走便是常态。

丰富且贴心的员工福利，是京东保持员工核心动力的保证。

若员工是企业保持增长的发动机，那么福利就是助力发动机持续转动的原因。如今，许多企业都将福利作为稳固员工的抓手。比如，阿里巴巴建有阿里员工专享公寓，其内部售价只有市面价的六成。

同样地，京东也将福利看作极为重要的一环。京东创业史上的一个有名案例，是刘强东创业初期的经历。

当时，刘强东开餐馆创业，得知同行许多员工住在地下室，宿舍里暗无天日，臭气冲天。刘强东认为，自己的员工绝对不能住在这样的地方。因此，他在外租了两个大院子，装上暖气、空调，保障员工的居住环境。

那时，他对管理一家企业的认知还不深，导致刚一毕业，就因餐馆亏损背负了16万元巨额债务。但是，保障员工福利，却是京东始终贯彻的理念。

许多年后，京东发展壮大至几十万人，但对住宿的标准依旧严

第 一 章 重 新 认 识 " 增 长 "

苟。京东认为只有真正关注员工幸福感的企业，才能变得伟大，而住宿正好是一个关键的切入点。

有一次，刘强东参观宿迁员工宿舍时，看到了一间样板间，设置为八人间。刘强东问为什么这样设置。员工答道，三四年前提的要求是两人间，但是现在京东人数猛增，一个宿舍只有设置为八人间才能住得下。但是这一行为违背了京东"以人为本"的理念，最终刘强东让人将这间样板间留下，并称作"耻辱间"，以此警醒管理人员，要时刻将员工放在心上。

在保障员工福利方面，京东还颁布了诸多规定。比如，京东几十万员工，平均年龄二十七八，正是生育的黄金年龄，京东便给所有员工增加了30天产假。一定程度上，京东作出了一个行业的典范，其种种举措都树立了一个关怀员工的人性化公司形象。

针对性的员工培训，则是为员工培育京东"风格"的重要方式。同时，也是激发员工核心动力的源泉。

初创时期，京东团队的学历水平普遍不高。后期，伴随企业的迅速发展，人也需要跟上企业的发展脚步。京东认为，唯有培养人，才能够让一家企业持续成功、持续增长。

2012年，京东将人才培训作为重要战略执行。这一时期，京东新增近15000人。庞大的人员体系，不同的人员构成，意味着京东已经跨入企业发展的另一个阶段——过去的师带徒的培训方式已不合时宜。这时，京东在思考如何建立健全培训体系，保障人的成长发展。

京东希望为员工提供完善的培训体系，因此针对不同的岗位，京东有相应的培训体系，并且培训免费。即便培训结束离开京东，也不用支付任何费用。京东相信，构建良好的人才成长体系，是自身保持企业活力的强力支撑，也是保持持续增长的重要基石。

第 一 章　　重 新 认 识 " 增 长 "

重新定义
京东

第二章

# 京东增长的特性

梳理京东几十年来的发展路径，可以清晰地看到三条增长曲线。第一，围绕3C、家电勾勒出的第一条增长曲线，是支撑京东发展壮大的基础力量。第二，随着时间的推移，京东逐步向全品类扩张，并逐渐勾勒出第二条增长曲线。未来是技术引领的时代。由此，京东的第三条曲线正在逐步勾勒成型。

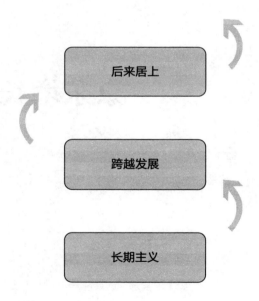

后来居上

跨越发展

长期主义

# 第一节
# 三条增长曲线

## ⊙ 1.0：3C 起点

任何一个圆都有圆心。京东的圆心便是3C。这是支撑京东后续业务处处开花的核心点，也是其事业版图扩大的显著标志之一。

3C是信息家电的缩写，包含电脑、平板电脑、手机等产品。因这类产品体积不大，故常称作小3C。京东起步选择的正是小3C产品。

1998年，中关村柜台起家，是京东的第一个起点。这一时期，中国IT行业和互联网产业爆发式增长。时代的弄潮儿纷纷上场，为21世纪人们的日常生活打下基础。

### 增长起点：扎根多媒体

京东增长的起点从多媒体开始。

通过在柜台销售刻录机、系统等产品，京东逐渐做出了口碑和名气。2001年，京东因与致盛集团的价格战开始思考转型之路。此后，京东开始通过租门店销售鼠标、键盘、刻录机等产品。彼时，京东对标的是国美、苏宁。

2003 年，转型电商是京东发展道路上的全新起点。这一时期，电商作为一种新模式，正在中国发展壮大。比如，1999 年，中国电商先驱 8848 诞生。同年，销售图书的电子商务平台当当创立，B2B 电商公司阿里巴巴也拉开了发展的帷幕。

彼时，看似与互联网大潮无关的京东，已经在中关村浸润多年，其发展的伏笔早已埋下。2003 年，从线下走到线上，京东在偶然与被迫中，走出了一条特殊的发展道路——自营模式网站。

这一年，借助网易、搜狐等发展势头正猛的门户网站，京东将旗下产品信息等发布在留言区，试图销售产品。然而，评论刚一发出就惨遭删帖。三天过去了，一单买卖都没成。就在此时，大家发现了 CDbest 中华光驱网，并在上面发布广告。

机缘巧合的是，CDbest 中华光驱网的版主对京东印象很好，特意将京东的帖子置顶，并为其带来了 21 个客户。

得益于这一灵感，京东决定做独立网站。一方面，可以将客源掌握在自己手上，另一方面电商成本还低，何乐而不为？显然，京东对电商的想象空间更大。在实体店，客户到店的行为路径、产品浏览时间以及隐藏消费需求等，都无法获知。线上则不同，浏览时间、浏览产品等都可以形成记录，方便平台了解消费者需求。

电商的无数种好处，为京东描绘了增长的新图景，转型的时刻已经来到。

2004 年，京东招聘了第一个互联网程序员吕科。在吕科的协助下，京东的第一个电商程序诞生——一个全新的业态就此向京东敞开怀抱。

2005年，京东成立线上采购部门，同时确定做IT数码全品类。京东认为，单靠多媒体产品，用户黏性不够。切中3C品类里的IT产品，可以集聚一群黏性更强的高端用户。这一批用户将是日后京东增长的强大引擎。

但是，网上销售3C类产品并非易事。

首先，消费习惯根深蒂固。当时家电类贵重产品皆是线下购买。消费者对实物进行多番比较后，才会决定是否购买一款价值千元甚至万元的产品。相应地，线上销售这类产品的风险和压力也会更大。比如，一款笔记本电脑，不只是单价高，同时对配送要求也极高。

其次，竞争对手已经先入市场且正是风生水起之时。虽然此时中国的电子商务领域实在少有销售3C产品的企业，但是新蛋是个例外。其2001年进入中国市场，走出了一条发展迅猛的道路。同样是2005年，新蛋的销售额达到6000万美元，而彼时的京东线上销售额才1000万美元。此外，新蛋的网站页面美观，京东的页面则较为粗糙。

最后，则是京东的内部问题。

比如，员工不理解。当时，京东95%的收入都来自线下，员工对清晰可见的收入感知尤其强烈。线下干得好好的，为什么要走一条没走过的路呢？老员工想辞职的念头愈发强烈，刘强东只得反复给大家做工作，讲述电子商务的未来图景。

第 二 章  京 东 增 长 的 特 性

又如，京东的仓库管理为纯人工模式。这意味着管理员要纯靠大脑记住仓库内的几百种产品。这种方式在初创时期还可支撑运行，一旦公司发展壮大，便会迅速出现匹配落差问题。2006年左右，京东才做出改变，按照货架号的方式对产品进行管理。

## 拐点起步：扩大3C零售面

在机遇与挑战并存的背景下，京东从销售电脑配件开始，逐步扩大到销售笔记本电脑，并打响线上增长第一枪。

2005年11月，京东上线了第一台笔记本电脑。这是极具里程碑意义的时刻。创始人刘强东感叹："那时候在网上卖笔记本电脑，所有人都觉得疯了，绝对不可能有人买。"实际上，当时产品挂在平台上，确实基本无人问津。起初，为了卖出电脑，京东按照赔本500元的方式销售，试图吸引消费者购买。此法不奏效后，京东只得再降低价格。最终，一台8000元的笔记本电脑，降价至6999元，终于有消费者下单。

一如最初柜台起家对品质和服务的严要求，京东转战电商后，仍旧坚持这条道路。但线上购买的信任感的建立，本就不是容易的事。即便销售的产品是正品，但如何向用户保证在送货过程中不会出问题呢？

于是，京东特意针对消费者的担忧，制作了一则"京东小胖虐待笔记本电脑"的视频。当时，京东特意挑选了一名体重较重的员工，让其将打包完好的笔记本电脑使劲往地上扔，或坐在屁股底下。

反复"虐待"电脑后，再打开包裹，笔记本电脑仍旧完好无损。这条视频的传播量还不错，在一定程度上减轻了消费者对产品运送的顾虑。

围绕电子商务的运营模式，京东已经在这一阶段走通。过去，新蛋从未把京东放在眼里。以2006年开始，新蛋便再也无法忽视京东这一颗冉冉升起的星星。2009年，艾瑞B2C电商企业排名显示，京东已经超越新蛋，跃居第三。以3C为起点的京东，抓住了属于自己的第一条增长曲线，并持续在这条路上进取、博弈。

# ⊙ 2.0：下一个亚马逊

全面转型后，京东主要通过3C产品攻占市场，并收获了一批忠实用户。同时，一个大胆的谋划开始在京东的发展轨迹上显山露水——朝全品类扩张。

以3C起家的京东，为何要将版图扩大至全品类，与其他行业弄潮儿抢夺"蛋糕"呢？这让投资人极为不解。毕竟，此时的京东对3C的蛋糕都还未吃光。

原因非常明了。基于京东当时的品类，还远不能覆盖消费者的全部需求。

首先，相较全品类电商平台亚马逊而言，京东的产品浏览量实在太低。当然，京东的某些产品销量比亚马逊高不少。

其次，用户反馈是最直接的结果。创始人刘强东一直有了解用户感受、查看平台产品留言的习惯。他通过研究发现，因京东产品品类比较单一，用户只有购买电子产品时，才会想到逛京东。

3C类产品，消费者一年到头不会高频购买。对比亚马逊，其平台销售产品多样。消费者浏览其页面时，或许会发现其他需要购买的产品。这时，新的消费需求就会被创造，用户黏性也得以增加。基于此，如何在其他时刻也稳住客户群体，扩张品类便成了京东的当务之急。

于是，京东从只做3C转向一站式消费平台，开启了全品类发展模式。至此，京东的第二条增长曲线浮出水面。

## 朝全品类进发之一：家电领域

京东选择以"插红旗"的方式冲进市场。

2009年，京东一锤定音，决定从小3C扩张，进军大家电领域。刘强东曾放话："只要是苏宁、国美、沃尔玛有的商品，京东商城都要上。"由此，掀起了大家电之争。

增长的脉络就此铺垫。但进军大家电并非易事。苏宁、国美作为连锁巨头，早已将中国市场牢牢抓住。京东以线上方式入局，从一开始就不被巨头们放在眼里。

数据显示，2005年，苏宁电器的营收便达到了159.36亿元，净利润3.51亿元。当时，苏宁电器线下门店数量达到了224家。至2012年，苏宁电器的营业收入已经达到了983亿元，净利润26.82亿元，其门店数量更是高达1705家。

正因如此，2011年前后，张近东还曾说京东做大家电做不起来，不用管它，自己玩玩，玩不动就散了。然而在京东的谋划中，大家电是它必须攻下的山头。

同时，从3C扩充至大家电，京东面临的难题在升级。比如，京东要卖大家电，投入就会很大。过去，京东配送用三轮车就可以解决。但大家电只能用汽车配送。此外，大家电还涉及安装问题。这意味着，京东不仅要建单独的库房，还要调整配送方式等。

不过，发展至2012年，京东的增长已经很快了。刘强东在自述中提到，这一时期每年300%的增长率，许多厂商如海信、康佳都直接与京东合作。对苏宁而言，京东已经构成了威胁。"苏宁急了……跟各个厂家说，你要敢给京东供货，我就把你的货从我1700家店面全撤了。"❶两相权衡，厂商便舍弃了京东。这样一来，京东没有货源，只得发起价格战。

一条微博是引爆价格战的导火索。刘强东公开表示，京东的大家电比苏宁、国美便宜10%。此言一出，三家"战役"，一触即发。采取降价的方式博弈，是竞争双方的常态。但是，这种方式绝不会持久，否则，极其容易形成"伤敌一千，自损八百"的双败局面。正因如此，最终这场战役草草收场。

但是，京东的全品类布局已经取得了阶段性的成功。最重要的是，通过价格战，京东将线下用户转移到线上，为自身积累用户奠

---

❶ 刘强东口述，方兴东访谈、点评，刘伟整理. 我的创业史[M]. 北京：东方出版社，2017：143.

第二章　京东增长的特性

定了基础。

## 朝全品类进发之二：图书板块

全品类扩张的局势仍在持续。图书板块，是燃烧的重要战火。

2010年，亚马逊和当当将中国的图书市场占据大半。京东此时入局图书，同样引得投资人极为不解。刘强东明确表态，只投1000万元，如果亏了就不做。

短时间之内，图书品类要上线京东，这让该品类的负责人石涛压力不小。但刘强东一句话给了他定心丸——完全可以得到足够的资源支持。这也意味着"开弓难有回头箭"，京东做图书是认真的。

此时，京东的战略仍旧是围绕消费者需求作打算。如果消费者到京东买不到图书，那就会转向其他平台。以图书为抓取点，京东确立大品种战略。但是，图书刚上线，并没有名气。京东便选择以送书的方式吸引客户。这一招效果显著，基于京东平台流量，迅速为图书板块造了声势。

图书板块的"价格战"顺势而起。刘强东在自述中提到，这场价格战并非京东有意为之，而是竞争对手策略之下的反击。当时，京东做图书板块的大品种战略，摆明了是要与当当、亚马逊争夺用户。这时，当当与出版社签订了"超级战略协议"。刘强东表示，这实际上就是让出版社作出一个选择，如果要和当当合作，那就不能给京东供货。

当当在图书板块深耕十几年，在出版方面已经打下了深厚的基础。当时，当当图书一天的订货量达到12万～14万单，然而京东才3000～5000单。京东没办法在图书供应链上与之竞争，便只得转换思路。京东认为，以公开价格战的方式，提升供应商的信心，突破供应链封锁，就是最佳的应对方式。

在此情况下，京东挑起了价格战。以少儿图书促销为引爆点，开启4折封顶，吸引客户购买。虽然最终结果是京东少儿图书亏损，但是却动摇了当当的核心利益。毕竟，当时少儿图书占据了当当将近三分之一的销售额。更重要的是，一场战役下来，京东图书板块的名气陡然上升，在消费者心里打开了有关京东的新图景。

2012年，京东全品类扩张的步伐已经无法阻挡。当业界还在讨论京东是否踩刹车之际，年初京东便已宣布要再次提速。比如，全新上线的服装城频道，囊括各种品牌，这一品类扩张直接给天猫带来了巨大压力。

此后，京东持续发力，攻势迅猛。

### 朝全品类进发之三：生鲜类别

在全品类战略扩张下，大客户、生鲜等新兴业务，更加清晰地勾勒出京东的第二条增长曲线。

以生鲜为例，这是电商品牌转战线下的重要体现之一。当线上流量趋近饱和，线下市场中大量的中老年客群，便成了电商品牌重要的目标群体。而选中生鲜赛道，极有可能是因为盒马鲜生已经探出了一条可行的道路。

然而，做生鲜的难度太大。从货源到配送，以及配送车辆、温度控制等各个方面，针对不同产品都有完全不同的要求。正因如此，一批批电商进入生鲜行业，又一批批倒下。

　　京东的切入点，是按照高、中、低三个维度进行全方位覆盖。比如，京东商城可以做高端生鲜，京东到家做中低端生鲜。但是，很长一段时间，京东旗下的生鲜品牌，如7Fresh等，并未在行业产生更大的影响。

　　总体来说，生鲜或许更多地承载着创始人的情怀。刘强东在农村长大，因此对进入农村这一领域有着更执着的决心。农村滞销的蔬菜、水果，让京东萌发深入下沉市场的念头。

　　正因如此，为解决农产品销售过程中的诸多痛点，京东生鲜利用自身的数字化技术，助推农业产业升级。值得一提的是，在农村电商方面，京东已经走出了一条持续发展的道路。此外，在健康、医疗、汽车、房产、服务方面，京东亦在进行新品类的丰富。

　　全品类扩张道路上，京东无疑已经走稳了脚步，而竞争对手已经逐渐偃旗息鼓。

　　新蛋、易迅，京东与之业务模式完全一样，但如今唯有京东屹立不倒。并且，因疫情防控期间的灵活反应，京东被摩根大通称为"疫情中表现最好的电商平台"。

　　两相对比，京东制胜的重要一环就是在合适的时机选择了全品类扩张战略。而新蛋、易迅仍旧固守一隅，专注IT领域而迟迟未有扩张的动作。

另外，京东来势汹汹，新蛋、易迅则显得有些温暾。虽然有将近一年的时间，其产品都比京东价格低一部分。但是，IT产品对消费者而言，便宜几十块不会有太大的吸引力。同时，京东自建物流有高质量的配送队伍。强大优势加持下，未过多久，京东的增速便已远超新蛋、易迅。

亚马逊是京东一直比较看重的对标者。刘强东曾言："不管是在中国还是在全世界范围内，只有一家公司是在从零做起的时候超过我们的，那就是亚马逊。"

实际上，对比京东与亚马逊，二者的发展路径颇有相似之处。二者都是纯电商平台，且在相当长一段时间内都属于亏损经营。比如，1994年创立的亚马逊，用了20年时间才开始实现连续盈利。若按照全面转型电商的2004年计算，京东耗时12年才实现首次盈利。❶但是，二者增长的态势并没改变。比如京东一路披荆斩棘，将新蛋、易迅等竞争对手甩到身后，其电子和家电在线销售超过了苏宁线上、线下的零售收入之和。京东已经显著地勾勒出自身的增长态势。

值得一提的是，基于全品类扩张，京东的发展模式迎来改变。过去，京东主打自营模式。但因非标准化的商品，如服装、鞋帽等，做自营的难度极大，京东开始朝平台模式转变。

同时，持续拓宽的业务领域，使得京东的收入结构愈加多元。以2020年第四季度收入来源为例，商品销售作为主要收入来源，占

---

❶ 吴海珊，张鹏会. 京东会不会成为第二个"亚马逊"[EB/OL].（2020-03-25）. https://new.qq.com/omn/20200305/20200305A0HICW00.html.

比达85.7%。其中，电子产品和家用电器商品收入占比由2020年第三季度的53.6%下降至51.6%。公司同期百货商品的收入占比则由2020年第三季度的33.3%上升至34.0%。❶

全品类扩张的效益日益显著。但需要注意的是，品类扩张总有天花板，京东还在寻找下一条增长曲线。

## ⊙ 3.0：向技术转型

技术就是新的增长曲线。

2017年，刘强东在年会演讲中提到，要把过去12年取得的所有成绩、所有成功都归零。未来12年，京东所有的商业模式都要用技术改造。

那时，京东清晰地感知到，时代正在发生巨变。未来10年，科技对人类社会产生的影响，可能会超越过去100年的影响。面对瞬息万变的局势，技术就是应对的最好武器。基于此，刘强东在年会上掷地有声地喊出："未来12年，我们只有三样东西：技术！技术！技术！"

### 增长驱动引擎：技术

作为一家重资产模式的企业，京东对技术的需求一直强烈。比

---

❶ 高景东. 京东集团—SW （9618.HK）活跃用户数和收入增速加快，新业务影响短期毛利率表现[R/OL].（2021-03-19）. https://robo.datayes.com/v2/details/report/4462682?tab=original.

如，耗资巨大的物流体系，需要技术作为底层逻辑支撑。自2007年自建物流体系开始，京东就已经在积极探索，试图通过技术推动自建物流降本增效，推动增长加速。

物流是物联网的实际运用场景之一，货物身份识别、仓储智能调度、AR量方、数字库存、无感安防、车路协同、自动驾驶、实时追踪等技术都可以应用其中。这些也是京东从早期就不断推进的物流技术成果。❶

一直以来，技术都在推动京东的增长。"211限时达"就是一个典型体现。2010年3月，"211限时达"业务由京东率先向业内发布。顾名思义，该项目按照时间分为两个节点：上午11点和夜晚11点，并以这两个时间节点，划分相应的拣货流程和货品送达的固定区间。按照限时达规则，在当天上午11点之前下单的产品，将实现当日送达；在夜晚11点前下单的产品，实现次日下午三点前送达。

然而，看似简单的"211限时达"，却面临着诸多亟待解决的问题，需要京东提供技术支持和体系配合。摆在面前的首个问题，是如何实现海量订单与相应站点的准确对接，也就是如何高效率衔接客户下单到仓储之间的关键环节。

于是，京东成功开发了实现"211限时达"的秘诀——预分拣子系统。这个系统能够根据订单收货地址等信息，率先将包裹发往指定地址，再根据现场的分拣结果，将包裹转交至正确的站点进行配

---

❶ 京一商学院.谈谈京东的技术[EB/OL].（2019-11-21）. https://www.sohu.com/a/355161216_120002708?scm=1019.e000a.v1.0.

送。其中，分拣的准确性至关重要。而分拣系统的技术支持，保证了分拣递送的准确度。

当客户货品成功对接到正确路线，下一个问题接踵而至。如何确保在配送过程中，准确、准时地完成配送，实现各个环节的追踪和过程反馈？很快，与预分拣子系统形成嵌套关系的青龙系统上线。这是一套综合的配送子系统，包含终端系统、运单系统、质控平台和GIS系统四个组成部分。

在青龙系统的终端，能够看到手持PAD一体机的京东快递员，对快递进行分拣。这台一体机就是终端的一部分，借由它成功解放分拣工作者的双手，完成配送业务的操作、校验、记录、监控等工作。

运单系统和质控平台，分别负责货物的全程跟踪，以及运送中货物品质的全程把控。前者将记录运单全程信息和跟踪，向外提供货品状态等查询、支付功能；而后者将会实时对货物损坏等异常信息进行收集和跟踪，降低损耗的同时，保证货品的质量。

GIS系统充当整个青龙系统的活地图，分为企业和个人两个受众方向的应用。该系统能够对不同站点进行合理规划，包括车辆调度、俱进优化、全程订单可视化等。

2014年，京东青龙系统完成从1.0到3.0的蜕变。截至2021年9月，青龙系统能够保证7×24小时服务和各类订单接入。在货物分拣板块，有99.99%的分拣工作能够交由预分拣处理，仅有0.01%的

分拣量需要人工完成。❶

在"211限时达"业务中,京东给出的技术解决方案,事实上并不是两个独立的系统,而是嵌套式的系统组合。在"211限时达"中,预分拣系统是实现快速配送的核心,而这一系统又嵌套在"青龙"配送系统中,成为运转的心脏,并为整个业务的实现提供通路。

技术持续升级、助力增长的体现,还有京东推出的小时购。

2021年10月,京东和达达集团共同打造的京东"小时购"业务正式上线。所谓"小时购",是京东即时零售业务面对消费者的统一品牌,对应"线上下单、门店发货、小时级乃至分钟级送达"的零售模式。

消费者在京东APP内购买商品时,可以看到有些商品带有"小时购"标签,购买则可享受即时送货上门服务。数据显示,"小时购"上线后,京东的销售额显著增长。2021年9月的销售额较1月增长了150%。❷

京东物流服务标准的再次升级,印证了京东的技术实力。值得一提的是,在2021年"6·18"期间,依托自身打造的一体化数智供应链,京东助力全国超200个城市实现"分钟级"配送。

---

❶ 物流搜索.【技术】京东物流211限时达的秘诀:预分拣子系统[EB/OL].
(2015-06-20). https://mp.weixin.qq.com/s/fjnugLpewmt4W-9_886upA.
❷ 京东黑板报.京东发布"小时购"业务 全面发力即时零售 提速至小时达、分钟达[EB/OL].(2021-10-12). https://mp.weixin.qq.com/s/nAJxmhJjfGpA4rRTPiVixA.

第 二 章　京 东 增 长 的 特 性

京东为什么可以做到分钟级？

技术仍然是底层逻辑。京东零售与京东物流联合推出了可以智能决策的"预售前置"模式。用创始人刘强东的话说："我们会通过最新、最先进的技术，真正做到比你自己更懂你。"通过京东创新的智能决策的"预售前置"模式，将消费者下单的预售商品前置到距离消费者最近的快递站点。❶如此，一旦消费者付尾款或者下单购买，京东便能够迅速送货。

从全局角度来说，京东搭建了一个囊括产品销量分析预测，到入库出库，再到运输配送各个环节，无所不包、综合效率最优、算法最科学的智能供应链服务系统。❷

未来，每一个京东无人传站车都将成为一个流动的配送站。沿途是无人配送车、无人机等黑科技的保驾护航，这些流动配送站可以去供应遥远的农村、偏远的山区，为那里补货送货，这就是京东的设想。❸

许多畅想正在实现。2019 年，京东物流建立了全国首个高智能、自决策、一体化的 5G 智能物流园区。此外，"东莞亚洲一号"智能物流中心启用，这是亚洲最大的一体化智能物流中心。截至 2021年，京东已经拥有 32 座"亚洲一号"，1000 多家仓库以及超过 2100

---

❶ 王长胜. 为什么技术会成为京东的第三条增长曲线？[EB/OL].（2021-07-10）. https://baijiahao.baidu.com/s?id=1704870657375519847&wfr=spider&for=pc.

❷ 5G 智能物流白皮书 2020. https://www.renrendoc.com/paper/215026842.html.

❸ 来自刘强东 2017 年年会讲话。

万平方米的仓储面积。在京东物流园区可以看见许多智慧场景。"智慧大脑"对库区内的各个场景进行统筹和监控，分拣机上的分拣滑道可以将包裹分拣运送到全国各地的物流中心。经过多年建设和投入，数座"亚洲一号"仓拔地而起，"京东红"逐渐成为全国物流网络中一股不容小觑的力量，技术带来的跃升在无形的积累中带来质变。

### 以技术为核心的未来议题

与此同时，除了自身技术能力的提升，京东还在思考如何为伙伴赋能，即输出技术方案，推动行业伙伴持续发展。2020年，京东公布新定位：成为以供应链为基础的技术与服务企业。

这当然是基于京东自身技术能力的强大自信。截至2021年11月8日，京东物流在全国93%的区县和84%的乡镇实现了当日达和次日达。并且，在"双11"期间，京东首个产地智能供应链中心正式投入运营。这一中心集果品采购、冷藏、加工、分选、包装、物流配送于一体，分拣能力能达10吨/时。❶

在2021年京东公布的技术年度报告中，十大应用创新板块十分引人注目。其中有涉及基础领域的云操作系统"云舰"、超级物联平台"星海"、推出能够大规模商用的情感机器人，以及端到端的自动

---

❶ 何倩."双11"京东首个产地智能供应链中心投用[EB/OL].（2021-11-09）. news.sohu.com/a/500107927_115865.

化补货技术等。这些技术突破成果，都显示了京东发展技术和向外开放的决心。

以"聚焦"和"对外"为主旨的京东技术共性，使其在多个领域构建起"更懂产业"的服务能力。

通过打造智能供应链，京东为行业伙伴输出了相关解决方案。比如，京东与沃尔玛、达达合作，打通线上线下，实现了高效率购物体验。一个典型的场景是，用户在京东到家APP下单，系统会将订单智能分配至距离用户最近的沃尔玛门店。最终，借助达达的配送体系，为用户带来一小时收货的极致购物体验。

数据显示，京东通过打造智能供应链，每天可为产业端输出超40万条智能决策。目前，京东已经与超过60%的自营供应商实现了智能供应链的协同，以更高效地实现效率的提升。

京东对技术的重视与日俱增。2021年11月18日，京东集团发布2021年第三季度业绩。其财报显示，京东持续加大对研发的投入，从2017年全面向技术转型以来，京东体系已在技术上累计投入近750亿元。

依托京东数科的发展，能够得见技术带来的驱动力。京东数科的业务主要是面向商企、政府以及金融机构，提供不同的数字解决方案。在多年潜心搭建下，坚实的京东业务生态场得以建立，企业的科研实力得到显著提升。在2020年9月京东数科提交的招股书中就明确提及，其员工比例中，研发及相关专业人员的比例接近70%，对科研方面的投入能够与国际顶级的科技公司相媲美。❶此外，京东数科独特的"科技+产业+生态"的服务模式，使其成为京东体系中，率先面向未来的新科技公司。

京东开启的第三条企业增长曲线，不仅意味着从零售电商向开放化供应商的跃变，更意味着京东拥有更广阔的增长空间，更大的先发优势，以及更从容的应变姿态。以智能供应链为切入口、互联网数智技术为底座的京东发展，将有可能在未来再孵化出一项百亿美元级的全新增长业务，为京东生态的铺设和延展培育出一根重要支柱。

当下的互联网数智经济方兴未艾，仅仅是云服务市场，未来的复合预估增速就在30%上下，更何况在现今的大趋势下，今后十年的大课题都将围绕智能经济展开，这不仅是新业绩的增长引擎，更是功能转型和企业估值提升的全新赛道。在这一蓝海初显的时候，京东就已经意识到，在这一条赛道上不能缺席。

再以区块链技术为例，京东的区块链技术，在其零售、物流、金融等各个业务板块均有运用。"京东智臻链"是京东在2016年组建而成的区块链技术品牌，京东数科也是我国最早对区块链进行研究的互联网企业。

截至2020年，京东商城旗下"区块链防伪追溯"技术的注册商家已经超过700家，落链数据高达10亿条以上。目前，这一项"区块链防伪追溯"应用已经与工信部奶粉追溯平台、中国检测院、中

---

❶ 央广网. 这几个问题，让你秒懂京东数科[EB/OL].（2020-09-12）. https://baijiahao.baidu.com/s?id=1677593936109494667&wfr=spider&for=pc.

国物品编码中心等多个官方食品安全、监测机构实现合作应用。区块链技术的应用，不仅能够将品质溯源、数字存证、信用网络公开透明化，还能在此基础上为京东的价值创新提供全新的增长空间。

就像京东总裁徐雷提及的那样：未来，零售行业的去中心趋势不断加深，以技术为基座的全渠道战略，是打开京东零售天花板的第二条增长曲线，深度链接线下实体零售业态，也将加速京东数字化转型的进程，京东瞄准的是未来的数字浪潮，是未来的数十年，而技术能力的夯实，是最佳的敲门砖。❶ 未来，技术仍将是京东发展的核心课题，并持续发挥领航作用。

# 第二节
# 后来居上

## ⊙ "入局" 迟到一步

京东的增长特性，以后来居上最为显著。用刘强东自己的话来说，在客观原因的限制下，京东的每一项业务起步都并非第一，但超强的执行力和创业精神，却为京东创造了接二连三的第一。

---

❶ 每日经济新闻. 2021 重识京东：穿越新周期 牢牢把握技术 "密码" [EB/OL].（2021-11-20）. https://finance.eastmoney.com/a/202111202187837711.html.

无论是2004年全面转型做电商，还是2007年进入物流领域，或是进军图书、服装、医疗等板块，京东似乎总是迟到一步。但是，极具转折意义的是，京东绝大多数的步伐，最终都助推其实力更上层楼。

## 转战电子商务，是后来居上的起点

2003年，由于"非典"的影响，京东才有了转战线上的苗头。在此之前，互联网热潮已经从太平洋彼岸的美国吹来。极具代表意义的是，1999年，王峻涛创办了8848电子商务网站，并快速发展为中国电子商务的标志性企业。也是这一年，马云在杭州创立了阿里巴巴，马化腾的QQ刚刚得以开发。

如果聚焦于电子商务，8848和当当网的迅猛发展，已经让人看到了中国互联网的崛起。

热潮的反面便是寒冬。2000年底，寒风呼啸，互联网泡沫破灭，一众企业霎时之间跌入谷底。刚召开"第一届西湖论剑"不久的马云，紧急宣布未来半年是非常严峻的半年，随时做好加班准备。在寒冬中苦熬的互联网企业，未过多久便哀鸿遍野。这时，京东正在思考向国美、苏宁学习，增加更多门店。

京东线下与线上脉络的交织，出现在2003年。这一年，画出了一条中国互联网史上的分界线。"非典"袭来，线下门店关闭，给了互联网企业枯木逢春的机遇，也倒逼京东打开发展的新思路。

但是此时此刻，迟到一步进军电商的京东，面对的是什么样的环境？

2000年2月，当当网就进行了A轮融资。2000年，阿里巴巴从软银孙正义处拿到了2000万美元投资。

这时，因在网上发帖销售刻录机，刘强东才对互联网产生了强烈的兴趣。留言区的人们，以QQ号作为联系方式，购买产品。刘强东便没日没夜泡在网上，发帖回帖。以致有人猜测，刘强东到底睡不睡觉，凌晨三点钟发的帖子，几十分钟就能回复。

京东犹如一个门外汉，刚刚踩在电子商务的边上。在其他互联网企业已经积累了不少经验时，上线的京东网站连基本的防火墙和系统补丁都没有。正因如此，许多老员工都对当时网站频遭黑客攻击的事例印象深刻。

辛波是公司技术员，然而他也只是买了一本Windows Server书自学，算是半路出家做网管。他记得，当时黑客入侵网站，还留言"京东网管是个大傻瓜"。他赶紧跑去机房，折腾了两个小时才解决问题。但没过一会儿，网站又被入侵，留言"京东网管还是个大傻瓜"。

最后迫不得已，京东花高价请了一位电脑高人"问诊"网站。一查才发现，京东服务器病毒有1300多个，漏洞有100多个。任何一个懂点黑客技术的人，都可以攻击京东的网站。作为技术起点如此低的互联网公司，京东终于在磕磕绊绊中进入了电子商务领域。

## 迟到一步是常态

2005年，选择上线笔记本电脑等产品时，京东看似做了一个疯狂的决定，然而，IT数码等3C产品的电子商务板块，已有先锋。2001年，成立于美国南加州的新蛋网，便是一家主营数码电子等3C产品的电子商务平台。

新蛋网成立短短一年，就实现了盈利，且其发展态势极佳。2004年进入中国市场，2005年新蛋网销售额便达到了6000万元。彼时，京东刚进入电商领域一年，销售额才1000万元。两相对比，新蛋网已经远远走在了京东前面。正因如此，在相当长一段时间内，提及网上购买IT产品，中国消费者心里想到的还是新蛋网。

无独有偶。2007年，京东决定自建物流时，面对的几乎还是"迟到一步"的局面。物流行业并非新鲜板块。早在京东入局之前，顺丰、申通、圆通等已经在此扎营布阵。尤其是顺丰，作为成立于20世纪90年代的老牌物流企业，已经奠定了极其重要的行业地位。

京东入局物流，某种程度上像是跟在一群成年人身后的小孩儿。别人已经发展壮大，而京东才刚刚入行。当然，由于商业模式不同，二者不能进行简单对比。只是单看入局时间，京东算是延续了以往的风格。

外界常用"赶晚集"形容京东略微缓慢的行进脚步。更加明显的表现，则是京东入局图书、互联网医疗等领域。

第 二 章　京 东 增 长 的 特 性

图书，自不必说。作为老牌电商，当当做图书的时间可以追溯到1999年。并且与京东不同，当当从创立初期就以图书为主业，可谓倾尽心力打造图书行业的领头企业。正因如此，到2010年，京东思索着全品类扩张，并决定着手做图书时，并不被人看好。

迟到一步的京东，并未就此止步。即便有行业佼佼者深耕图书领域许多年，但京东犹如初生牛犊，一步一个脚印偏要闯荡一番。

入局互联网医疗领域，也带有慢一步的意味。2014年1月，中信21世纪有限公司获得了由阿里巴巴与云锋基金共同投注的资金，一笔总额高达1.7亿美元的战略投资。由此，拉开了阿里巴巴朝医药健康产业布局的帷幕。同年2月，医疗健康成为京东的独立类目进行运营。

看似双方对医疗健康领域布局时间相差无几，但是接下来的动作再次显示了京东的"慢人一步"。

阿里巴巴紧锣密鼓持续进行相关布局，如2014年7月，阿里巴巴就启动了"药品安全计划"。消费者可以通过手机扫描药品的电子监管码，了解药品信息。2014年10月，中信21世纪便发布公告，改名为阿里健康。2015年2月，阿里健康APP 2.0版本上线，3月，阿里健康官网上线。

再看京东，自2014年宣布独立运营医疗健康后，直到2017年与江苏省泰州市政府达成"健康泰州"合作，才标志着京东健康正式成立。等到京东正式发力时，环顾四周早已是强敌遍布——既有2014年便借壳上市的阿里健康，又有2018年登陆港交所的平安好医生。

整体来看，京东的行进节奏似乎总是迟到一步。但是进入各个板块，涉猎各个行业的京东，有着自己的谋篇布局。其整体如一个严丝合缝的行进机器，虽迟到一步，但京东总能后来居上。

## ⊙ "造局"实现超车

京东的一路攀升，充斥着"不破不立"的味道。对行业而言，京东的突然来袭，搅动了原本的运行规则。对消费者而言，横空出世的京东带来了全新的消费体验。与其说京东是搅局者，不如说它是造局者，开创了另一种新的发展模式。

那么，在诸多板块都缓缓而至的京东，为何总是拥有扭转局面、实现增长的能力呢？

首先，确立一个核心点：大型零售商的服务群体，绝不局限于特定的客户群。

在消费者群体中，京东树立的印象是一家卖家用电器的公司。人们认为，一旦需要买家用电器，上京东一定没错。这样的品牌形象在创业初期有利于京东快速占领市场。同时比较适合专做垂直领域，打造小而美的企业。

京东的布局并非如此。圈住特定的消费群体，始终是在小众的范畴运转，而无法支撑企业做大做强。2011年，京东意识到这一问题后，便赶紧布局日用百货，以改变消费者对京东"只卖家电"的认知。

彼时，京东曾对比过美国一家同类型公司。当时，二者都处于每年200%的高速增长状态。对方认为，应该在一块领域深耕，坚持垂直走到底。京东则不以为然，选择了相反的方向。三年后，该公司的平均增长速度只有5%，而美国电子商务的增长速度是17%，[❶]其发展早已远远落后。

谋定而后动。确立方向之后，京东迅速布局，挑战竞争对手。

新蛋是典型的案例。当时，除去其他电商平台，京东最直接的竞争对手实际上就是新蛋。两者同样的商业模式，同样做3C类产品，用户重合度自然比较高。并且，新蛋有团队、技术、供应商。2004年才全面转型的京东不仅晚到一步，还是从零起步。这时，京东该如何弯道超车呢？

首先，外部环境给了京东机会。2011年，新蛋与支付宝建立战略合作关系之后，便放缓了步伐。新蛋认为，彼时中国的电商市场还不够成熟，准备先观望一段时间。于是固守IT板块，并未再进行扩张。

就内部而言，京东彼时体量较小，决策链较短，且与利润相比

---

❶ 刘强东. 刘强东自述：我的经营模式[M]. 北京：中信出版社，2016：100-101.

更注重用户规模。新蛋具有美国血统，一方面因频繁更换负责人，导致对中国市场欠缺了解；另一方面，其决策链过长，无法快速对竞争对手的打法作出反应。

与举棋不定的新蛋相比，一往无前的京东已经为这场竞争写下了结局。由易观智库发布的《2010—2012年中国B2C市场交易份额》数据来看，2010年新蛋中国的市场份额为1.9%，排名第五。截至2012年，榜单前十便没了新蛋的踪迹。

企业对市场的感知则更为明确。早在2009年之后，京东就没再关注过新蛋。这个曾经未将京东当作对手的企业，最终落在了后来一步的京东身后。

其次，构筑壁垒，从成本变为利润。

京东过去发展面临的一个大难题是物流不畅。自2007年自建物流开始，京东在物流板块经历了持续12年的亏损。公开数据显示，截至2020年，京东物流总亏损金额已经超过300亿元。

京东自建物流从建立起，就持续备受质疑。行业认为京东自建物流将会拖累自身发展。毕竟，随着电商市场的发展壮大，京东的订单迅猛增加。组建自家货仓、招募快递员，意味着京东的员工数量庞大。不仅管理难度大，耗费成本还极高。

京东埋头苦干，最初便确立了一体化供应链物流服务商的定位。即从前期预售到后期补货、退换货处理等，京东物流全程介入。在这个过程中，京东物流创造性地提出了"解耦"概念。即把一体化

第 二 章 　 京 东 增 长 的 特 性

的东西模块化，进行灵活自由的组合，为客户提供定制方案。

2021年，港交所敲响的钟声让人意识到了京东物流的后发动力。熬过持续烧钱的时期，京东物流终于一朝加冕，从配角荣升为主角。虽然与物流巨头企业顺丰还有不小的差距，但是京东的增速迅猛。

刘强东曾预测，随着快递行业的不断饱和，未来的快递企业或许只剩下京东物流和顺丰快递。而目前整个物流行业的战况愈演愈烈，京东物流能否笑到最后还需不断加码自身优势，上市只是一个起点。

最后，环环相扣形成核心竞争力。

按照时间脉络与具体行动来看，京东在健康医疗领域的动作确实不算快。但最终京东健康还是能够突出重围，再次上演了后来居上的戏码。

2020年12月8日，京东健康在港交所上市，成为继阿里健康、平安好医生之外，第三家于港交所上市的互联网医疗企业。并且，一经上市，其在市值上就超越了阿里健康与平安好医生的成绩。

这一次，京东何以后来居上？

强大的物流体系，为京东健康配送时效提供了重要支撑。有意思的是，京东自建物流为旗下其他产业的发展进行了强大的赋能。而阿里健康与平安好医生，都是借助第三方物流，其优势自然不能相比。

此外，京东平台自身长久积累的正品行货、优质服务名声，奠定了京东健康的质量基因。优质供应链的作用得以发挥，用户在业务层面的转化效果明显。

京东在许多板块的行进轨迹，都演绎了其后来居上的特性。有时，京东是自发开创规则，以一种新的玩法搅动行业的发展。有时，京东则是打破原有单一错漏布局，迎来正向增长的破局者。总体来看，看似重资产模式的京东，拥有的是一个更轻盈的发展方式，以及行稳致远的增长模式。

# 第三节
# 跨越发展

## ⊙ 理性跨越　持续跃迁

京东的增长路径背后，始终具备跨越的特性。一分为二看，既有理性跨越的跃迁成果，又有盲目跨越的迷失总结。合二为一，共同描绘了京东的增长底色。

若以跃迁为关键词，以2004年全面转型电商为起点，至2021年，京东用17年时间勾勒出了一条不断上扬的折线图。

17年是什么概念？

在中国众多中小企业平均存活时间只有两年半的今天，17年是一个很长久的数字。这一段时间足够一家企业诞生、发展，再覆灭于时代的潮流之下，也足够一家企业形成稳固自身发展的根基力量。

背靠着中国消费升级的时代背景，京东依托零售实现了规模扩张。若将17年拆为关键时间节点，京东的发展之路上，跨越成为显著的注脚。

2004年，电商起点；2008年，超越竞争对手新蛋；2014年，京东上市，净收入超越苏宁；2016年，京东第一次进入世界五百强梯队；2017年，京东全年交易总额（GMV）突破万亿大关；2021年，京东成功超越阿里巴巴成为中国第二大民企。

17年，京东步步成长，不断蜕变。

以两次疫情为关键时间节点，京东绝佳地呈现了一家企业坚定前行的成果。2003年，"非典"疫情突然来袭，京东被迫转型，由线下卖光磁产品的商铺向线上转型。正如刘强东提到："万般无奈下，京东在2004年转型进入了电商领域，自此，多媒体网正式开通。"此时的京东，被一场疫情搅得天翻地覆，摇摇欲坠。

2020年，新冠肺炎疫情暴发。京东不仅自己运转如常，还协助商家应对难题。面对部分商家无法发货的情况，京东调整规则，采取延迟发货免考核、订单纠纷免责暂停赔付等六大政策，帮助商家减少损失，降低成本。

与此同时，京东旗下多款金融产品为部分商家提供息费减免支持，帮助商家应对资金困难。2020年2月初，京东面向25万商家推出包括费用减免、物流支持等服务，总价值达到1亿元。很快，京东再次宣布追加1亿元，用于对京东物流入仓商家的补贴款项。在新冠肺炎疫情防控期间，京东还照常向全国消费者供应了1.2亿件、逾16万吨生活用品。

从独善其身尚且困难，到有兼济他者的胸怀，这背后是京东不断跃迁的实力体现。

回到京东本身，其发展脉络上一直都在书写跨越。

首先，人员呈爆炸式增长。

刘强东曾在一次演讲中提到一个小故事。2008年，公司打包员不多，一个王师傅忙得团团转。那时，他就对王师傅说，以后京东会有100个王师傅。如今看来，1000个王师傅都不止。

显著的数据对比是，2003年京东全体员工共38人，正是小微企业；2019年，京东员工达到22万人，几乎是阿里巴巴的3倍；截至2021年6月底，京东的员工总数接近40万人，人数呈现爆炸式增长。

其次，业务的多领域开花。

版图的增加同样是跨越的体现。京东从电商平台起家，根基不断壮大之后，又在其他领域处处开花。成立之初，京东主打自营商品，之后不断扩充品类，并形成自营+平台的混合模式。同时，布局物流服务、跨境电商服务、金融服务。此外，京东还进军了互联网医疗领域，并布局了金融数科等板块。

第 二 章　京 东 增 长 的 特 性

虽然有一定占比的新业务，都在一定时期内拖累着京东的发展。比如，2018年京东新业务亏损就超过了51亿元，而同期京东商城的运营利润为70亿元。但从2019年开始，新业务呈现出蓬勃的活力，为京东的发展形成了助力。这时，跨越的成果相继显现出来。比如，2017年，物流及其他服务收入占全年服务净收入的16.8%，2019年这一数据便大幅上升至35.5%。

一路走来，京东不断扩大自身版图，形成了强有力的京东航母集群。

最后，从交易规模、用户规模增长、供应链增长等多个维度看，京东仍旧呈现跨越式增长的态势。

第一，交易规模。2013年，京东全年交易额为1255亿元。6年后，这个数字就达到了20854亿元，增长15.6倍。

第二，用户增长规模。截至2013年底，京东的年度活跃用户数为4740万；截至2020年3月31日京东年度活跃购买用户数为3.87亿。6年多用户大盘增长7.16倍。

第三，供应链增长。截至2013年底，京东共有供应商6000多家，第三方商家数量为23500家；6年后，京东的供应商数量高达24000家。第三方商家数量达到27万家。6年间供应商增加3倍，第三方商家增加10.5倍。❶

---

❶ 罗超频道. 京东香港再上市，股价能否再次跑赢北上深房价？[EB/OL]. （2020-06-08）. https://baijiahao.baidu.com/s?id=1668911554965303125&wfr= spider&for=pc.

京 东 增 长 法

第四，从运营仓库数和仓储面积来看，2014年上市前，京东在全国34个城市设有仓库，仓储面积约为130万平方米。2019年底，京东在89个城市，拥有累计总建筑面积约1690万平方米的700多个仓库。6年时间，仓储面积增加12倍。

第五，如果从净收入看，2013年，京东的净收入为693亿元。2019年，这一数字达到了5769亿元。6年间增长7.3倍。

整体来看，多个维度衡量之下，京东近几年的增长几乎都在10倍左右。这是一个很迅猛的发展势头。即便经历了2018年的至暗时刻，京东股价几乎跌破19美元的发行价，但凭借强劲的韧性，京东涅槃重生，在一路愈挫愈勇的行进路上，不断实现跃迁。

## ⊙ 陷入迷失　重整旗鼓

2020年春节期间，刘强东提到了外界对京东的看法——2014～2015年，京东刚上市时是鼎盛期，是行业惧怕的对象。但忽然之间，大家发现京东跟在别人身后，什么都和竞争对手学。渐渐地，京东迷失了自己。

问题集中体现在三个方面。

首先，业务上的亦步亦趋。太多机会充斥，京东身处其中，难免会被欲望吸引，但却忽略了能力是否能跟上。刘强东对此类问题感受清晰。他总结，在业务板块，京东出现了欲望代替逻辑的情形。

京东内部员工认为，京东虽然在云、金融、线下生鲜等板块布局，但都慢人一步，且不成体系。甚至有时，明明领先一步，但最终还是错过许多机会。

在京东的发展轨迹上，此类行径确实并不少见。2012年，京东入局支付板块，收购网银在线，比阿里巴巴晚了10年。2018年，京东成立云计算公司之际，阿里云的国内市场份额已经超过40%。[1]2018年，京东线下生鲜超市七鲜开业之际，盒马鲜生已经在全球范围内加快农产品基地建设。

社交电商尤其如此。京东早前的拍拍网便是社交电商试水的产品。然而，拥有先发优势，却没有持续发力。拍拍项目运营一年后，效果不尽如人意，不久成为二手电商网站。2016年，基于经营效果，京东选择关闭拍拍网旗下的拍拍二手。然而，拼多多横空出世，揽获大量客户，打了京东一个措手不及。

京东自身也在反思，究竟应该如何避免浅尝辄止、缺乏聚焦等问题，尽快地迎头赶上。于是，京东在2013年成立京东金融事业部，一并上线涵盖供应链金融、消费金融、平台业务和网银在内的京东"小金库"，自此开启京东在金融板块的发展版图。事实上，京东在金融方面具备超前的发展优势。京东具备众多优质的上游供应商，也拥有丰富的潜在金融业务客户，加上本身拥有的大数字资源和科技应用，京东金融的建设成为水到渠成的事。

---

❶ 薛小丽. 季度净利大涨387%，京东真的翻盘了吗？[EB/OL].（2019-05-11）. https://baijiahao.baidu.com/s?id=1633207058962166775&wfr=spider&for=pc.

此外在下沉市场，京东京喜、社区便利店、农村电商等多业态的发展方式逐渐成熟。数据显示，截至2020年，京东新增长的1.1亿活跃用户中，就有超过80%的新增用户来自下沉市场。

其次，文化冲突。京东的团队扩张非常迅速。人口爆炸式增长的过程中，冲突开始显现。

实际上，早在2009年前后，因库房缺口过大，京东便进入了大量招揽人才的阶段。因仓库所在位置偏远，京东通过第三方公司引入了大量派遣员工。这时，由于京东内部员工各方面福利保障齐全，而派遣的员工被第三方公司克扣福利。这就导致员工内部抱怨极大，影响工作氛围。

这是公司发展壮大的初期冲突，也是两种文化的冲突。长久下去，派遣员工的工作积极性将会受到严重影响。京东意识到这一问题后，决定取消第三方派遣，所有员工由京东统一招聘，福利保障一视同仁。

在京东文化冲突中，这只是其中一个小小的切面。更大的冲突，来自高管层面。因组织建设不足，京东分别在2007年、2011年引入了职业经理人。2007年，以徐雷、王笑松、陈生强为代表的第一批职业经理人，为京东的发展奠定了重要的基础。

一个有意思的小细节是，2007年，陈生强来京东时，要求年薪12万元。刘强东听闻吓得够呛，当时他自己一年才几万块钱。权衡许久后，徐新因陈生强是自己推荐的，遂提议让京东开6万元，剩

第 二 章 京 东 增 长 的 特 性

下的工资由今日资本出。结果从2008年开始，刘强东便意识到专业人才的好处，不再让今日资本补陈生强另一半工资。

2011年，京东上市之前，又先后引入了首席运营官沈皓瑜、首席营销官蓝烨、首席技术官王亚卿等高管。在高素质人才团队的架构下，京东于2014年完成上市。

不可否认的是，引入大批职业经理人，助推着京东进入了高速增长时期。但是，文化的冲突也导致京东产生了一系列问题。

京东前员工举了一个例子，之前京东商城CEO沈皓瑜的职业背景非常优秀。但是这也意味着按照他们那一套方式，很难真正俯下身做京东的苦活累活。这与京东内部培养的管培生不一样。如余睿，作为在香港中产家庭出生的80后，他是从基层最苦最累的活做起，最终成长为管培生中的佼佼者。

内部培养人才和外部引入人才各有优势。在京东员工看来，外部引入的职业经理人，如果缺乏真正俯身下去的耐性，便会丢失京东最为本真的基因。从又苦又累中走过的京东，不能忘记最初蹚过的泥泞。

京东内部，出现以老员工、职业经理人、海归员工为代表的三种思维体系。这与初期京东偏草莽式的团队有所不同。当时，整个团队的心都往一处想，劲都往一处使。然而企业不断壮大，京东原有的公司文化被稀释，价值观也在松动。内部文化冲突日益显著。

为了解决文化冲突，京东在公司内部重新进行文化梳理。最终通过价值观凝炼，化解文化冲突，形成京东范儿。

最后，则是管理上的问题。京东是从线下售货直接转成互联网企业，在很大程度上，依靠着创始人的智慧和指挥，才能稳住京东的发展航向。但这也带来一个现象，京东的高度集权化非常严重。外界称刘强东为"京东商业帝国"的建立者，对内对外都在强调"兄弟"文化。

这是因为京东创业初期，就是靠着一帮兄弟干起来的。尤其前期，基层有一点风吹草动，刘强东可以很快获悉并解决。一顿饭、一杯酒，兄弟之间的问题很好化解。组织架构的扩大，导致团队迅速膨胀。但是，京东集权化的管理特征仍然显著。

这与创始人的意识有很大的关系。此前，刘强东认为，一家高速发展的公司，必须有一个绝对领导者。他也曾公开表示："无论是普通员工或是高管，都无法将京东带领到一条错误的路上。有这种能力的，只有自己一个人。"

事实确实如此。

2018年，被京东称为黑天鹅的事件到来。由于刘强东与京东的超强绑定，导致京东的股价迅速下跌，营收增速也在下跌。数据显示，京东的营收增速从2014年的66%下跌至2018年的27.5%。由刘强东绝对控制的京东，在这一时期陷入了发展的困境。

意识到集权的问题后，京东开始了管理变革。2018年12月与2019年1月，京东进行了两次组织架构调整，最终将公司业务形成零售、物流、数科三大板块。2019年，刘强东召开了一次管理大会。由此，掀起了一场"刮骨疗伤"行动。当年3～4月，京东多位高管离职，如京东CTO（首席技术官）张晨、CLO（首席法务官）隆雨、CPO（首席公共事务官）蓝烨等。

与此同时，继续去中心化。与阿里巴巴等企业不同，京东留给外界的印象中似乎没有二把手。京东强调去中心化，意在逐渐淡化刘强东，同时继续深化积木型组织。

刘强东用"乱花渐欲迷人眼"形容这一时期的京东。同时也提到，熬过至暗时刻的京东，在集团战略和业务线上都变得更加清晰。迷失之后，京东重整旗鼓，迈向下一个发展征程。

# 第四节
# 长期主义

## ⊙ 建立高壁垒

长期主义，大体指企业以长期的眼光看待自身的发展，愿意承受一定时期的亏损。长期主义背后，是企业独立思考，以通过实践孕育出更加美好果实的期待。

亚马逊创始人贝索斯在作品《发明与流连忘返》中提到，长期主义与短期主义的区别，是热忱与唯利是图的区别。或者说，可以看作是执着于使命愿景与醉心于赚钱牟利的区别。

京东与亚马逊都是长期主义的坚守者。

自成立以来，亚马逊始终在核心零售业务板块抓提升。如提升商品质量、加快送货速度、降低货物价格。投资者对亚马逊的选择不甚理解，尤其是无条件退货平板电脑等。但亚马逊创始人贝索斯的观点很明确——提升顾客满意度。

京东的长期主义，以干苦活、干累活，构筑自身的高壁垒为典型代表。刘强东认为：长期主义意味着我们是跑马拉松的，这和百米短跑选手的肌肉结构完全不同。但是只要方向对了，路就不会太远。但是我们一定要对长期价值抱有信仰。

这一核心观点直接影响着京东的众多选择。

## 长线搭建的物流基座

京东物流就是长期主义的一个典型样本。

2008年，京东在官网上挂出了一个令人震惊的公告。其内容大致表示，希望用户不要在京东商城购买产品，最好暂时去其他电商平台购买。

为什么会产生这样一幕奇特景象呢？

京东爆仓了。即京东当前的仓储能力和配送速度，无法匹配实际需求。一种巨大的落差，让京东别无他法，只得劝导消费者停止购买。这一现象背后，一方面体现京东维护用户体验的决心，另一方面则是因仓储能力落后陷入的困境。

京东自建物流，想在效率、用户体验与成本等方面形成自己的优势。然而，作出这个决定并非易事。与京东模式类似的新蛋，就曾放话永不自建物流，原因很简单，物流烧钱、水深。

然而，京东却一拍板，决定啃下这块硬骨头。这是京东历史上具有决定性作用的策略之一。因为刘强东坚信，物流将直接影响用户体验，只要攻克这一难题，京东势必形成强大的竞争力。此后，京东大量烧钱，让行业为之震惊。外界认为，京东选择自建物流，无疑是拖累自身发展。毕竟，初步覆盖全国便需要大约10亿美元。

2007年，京东融资不到2000万美元。显然，10亿美元已经远超彼时京东的负荷量。但刘强东坚定地认为物流绝对是京东往后发展的重要力量。

在《价值》一书中，高瓴资本创始人张磊表达了一个观点：世界上只有一条护城河，就是企业家们不断创新、不断疯狂地创造长期价值。这个社会将重新回报不断创造价值的人，只要能不断创造价值，就能带来回报。

京东看到了自建物流的价值。

这是企业构筑自身壁垒，坚守长期主义的体现。在持续烧钱的同时，京东物流的价值得以体现。2007年，京东在覆盖的区域内，当年就做到了100%保证次日达，40%～50%保证当日达。这在当时物流缓慢的大背景下，可谓领先一步。对其他电商企业而言，京东的物流体系几乎是降维打击。

物流的长期价值体现得愈加明显。2017年，京东物流集团成立，并确定"技术驱动，引领全球高效流通和可持续发展"的使命。此后，京东进入物流的跨越式增长时期。数据显示，2018～2020年，京东物流营收分别为人民币379亿元、498亿元和734亿元。

2021年第一季度，京东物流营收便已经达到224亿元。❶同年5月28日，筹备良久的京东物流，终于成功在港交所鸣锣敲钟。自此完全开启了"不靠京东养家，依靠物流给京东赚钱"的全新征程。

在竞争日益激烈的市场环境中，京东依靠物流奠定了电商服务的绝对优势。独立发展之后，一体化的供应链物流成为京东物流的差异化竞争力。这意味着京东物流为客户提供的不是单一的物流能力，而是整套解决方案。

## 开拓新局的健康独角兽

创造社会价值是长期主义的重要体现之一。京东入局医疗健康领域，同样是长期主义的体现。

---

❶ 罗超频道. 什么是长期主义？京东物流是一个生动样本[EB/OL]. （2021-05-31）. https://baijiahao.baidu.com/s?id=1701245297495679462&wfr=spider&for=pc.

第 二 章 　 京 东 增 长 的 特 性

2014年，有人找到京东，希望共同做"医药城"项目。京东很快派人出去考察，但收到的回复却不尽如人意。政策风险大，项目难做。此后，几番派人调研，结果都是太难。凭借敏锐的商业嗅觉，京东坚持认为互联网医疗健康领域有广阔前景。其背后的长远价值，将助力京东形成更加稳健的"航空母舰集群"。

　　但进入这一领域并做大做强的难度，无异于再造一个京东。一如京东创业初期，俯下身去干苦活、累活一般，在医疗板块亦是如此。由于每家医院都有不同的规则和标准，京东只得逐个突破。数据显示，京东健康走遍全国各大城市的2700多家三甲医院，达成了与绝大多数的合作。如今，许多医院都可以通过"京东家医"进行问诊。

　　作为长期主义价值信徒，京东入局行业带有自身的特色。京东健康与京东集团一样，一头根植于实体经济，另一头又连着互联网的触须。这也意味着即便在医疗健康领域，仍然具有显著的"重模式"特点。2021年12月8日，京东健康成功在港交所上市，仅两日京东健康市值突破3500亿元。半年后，京东围绕线上线下重投入。在全国范围内，京东健康的药品仓和非药品仓数量分别增加至17个和超过350个，"自营冷链"能力覆盖全国100个城市。同时，拥有超过4000万种商品（SKU），品类覆盖药品、医疗器械、保健品等健康类产品。全渠道布局方面，覆盖全国超过300个城市。其中"京东药急送"提供覆盖全时段的送药上门服务。

本质上而言，医疗健康板块品质与服务的坚守，与京东长期主义的理念一脉相承，加之京东本身优越的供应链能力与强大的品牌号召力，能更优质高效地为用户服务。

聚焦京东健康，在持续专注这一领域的过程中，京东再次挖出了自己的一条发展航道。2021年上半年，京东健康不断加码供应链，力求不断挖深自身的价值。

数据给出了很好的回应。根据京东健康公布的2021年中期业绩，报告期内，京东健康总收入为人民币136.4亿元，同比增长55.4%。深挖道，高壁垒，坚守长期主义的京东，正在不断收获成熟的果实。

2020年被行业视为京东的丰收年。这一年，京东在港交所完成了二次上市，且旗下诸多板块的发展势头非常迅猛。既有达达赴美上市，又有京东数科进入上市进程，还有京东健康蓄势待发。曾经依靠电商起家的京东，正在走向更加广阔深远的未来。旗下的诸多板块都在持续发力，构筑京东的"森林体系"。

## ⊙ 保护竞争者

挖深护城河、建立高壁垒的同时，京东始终坚持一条重要经营理念——保护竞争对手。这是维护行业健康，保护各方在相对合理空间内持续发展的平衡法则，也是京东坚持长期主义的重要表现。

京东认为，一个生态圈内，若只有一个寡头王者，将是一件很可怕的事。健康的环境中，必然存在竞争。这是搅动活力，维护市场健康的重要杠杆。

京东的增长历程中，从不乏血拼厮杀的战绩。但是，刀光剑影之下，京东并未将竞争对手赶尽杀绝，与新蛋竞争便是典型体现。

2009年之前，IT数码板块，新蛋是行业老大、京东第二、易迅第三。京东适时进行全品类扩张，家电、日用百货、图书……短短数年间，京东一举超越新蛋，重新书写行业格局。

彼时，新蛋危机重重，甚至打算退出中国市场。一向如齿轮般咬合紧密的京东，却在这时暂缓脚步。刘强东敏锐地意识到一个关键问题，新蛋绝不能死。

新蛋的存在，对京东具有积极意义。

首先，市场必须充斥竞争，才会倒逼企业不断创新，推动行业不断发展。对行业第一而言，身后有狼群一般的竞争者虎视眈眈，才能时刻提醒自己居安思危。京东已经超过新蛋，且具有相当程度的领先优势，此时要给予对方喘息空间，目的是让京东保持战斗的拼劲。

其次，保护别人就是保护自己。市场上的同类型企业如果只剩下一家，势必会吸引其他企业纷纷进入。此时，非理性竞争的战火一旦燃烧，京东面临的将是极其残酷的局面。但若竞争格局是"楚汉争霸"或是"三分天下"，那么有心入局者势必会小心谨慎。

与易迅的竞争同样如此。

2012年，易迅和京东的"战争"正如火如荼。作为本土电商企业，易迅对物流极其重视，还曾首创"一日三送，晚间配送"服务。

作为市场增长的法宝，价格战自然是企业常常选择的斗争方式。自2012年开始，易迅又提出了"贵就赔""慢就赔""假就赔"的口号。口号背后，实际上就是针对京东、天猫发起的"战争"。其中，"贵就赔"直指京东。来者不善，京东也不甘示弱。

以拼搏为主旋律的时代，京东势必与之战斗到底。余睿对这一段往事的印象尤其深刻。那时，他颇有气势地对团队说："兄弟们，平时看不出咱们有多牛。现在，咱们露脸的时刻来了。"

竞争时，京东拼尽全力。但一旦对手出现问题，京东又会适时放缓脚步。易迅拿到第一轮融资之前出现了问题，甚至在探讨京东何时可以投它。让竞争对手投自己，可见是已经走到山穷水尽的地步才会作出的选择。

京东内部开会，股东都在谈论此时是最好的时机。京东可以通过压低价格，一举灭了易迅。否则，待其拿到融资，死灰复燃，又将是京东的对手。

但最终京东的行为路径却并非如此——以易迅存活为主要方针，京东所有的营销策略、价格策略不再针对易迅。最终，经过三四个月的帮助扶持，易迅得以存活。

不过，易迅后来选择"嫁"给腾讯，成为腾讯进入电商领域的

第 二 章　京 东 增 长 的 特 性

载体之一。但腾讯入局太晚——比速度和供应链比不过京东，比用户运营又比不过淘宝。2014年，京东正式与腾讯达成战略合作。同时，腾讯经过综合考量之后，将旗下本有的电商和收购的易迅，都转让给了京东。

虽然最终易迅被京东收入囊中，但此后不久，电商巨头开启合作新风尚。京东保护竞争者，与竞争者共存的理念不断深入。

比如，2017年物流开放后，京东推出京东云仓。这意味着第三方仓库和商家，都可以与京东自营店一样享受强大方便的服务。又如，京东物流与腾讯智慧零售一道，打造了京腾云仓，旨在为品牌商等合作伙伴提供一站式服务。

同样具有代表性的，是京东与美的的合作。京东将在科技、物流与营销方面的优势，转化为供应链创新能力，以此带动双方经营效率提升。数据显示，截至2016年，美的已经连续多年蝉联了京东家电品牌年度榜销量第一名。

京东清楚，只有做大蛋糕，共同发展，才能推动企业走向更加广阔的未来。尤其是随着社会的不断发展，京东认为单一企业之间的竞争，已经发展为供应链与供应链之间的竞争。京东的合作伙伴众多，上下游一体化链接广泛。大家处于"一荣俱荣、一损俱损"的共同体关系。

长期主义的核心理念之一，就是与伙伴一道成长。保护竞争者，保护同行，就是保护自己。

京东深入流通领域多年，非常清楚制造商和渠道商之间的特殊关系。制造商的能力范围有限，需要依靠渠道商进行产品交付、货款收付等。渠道商有时候便会"自诩得意"。很多时候，双方关系的保持是一个小心而又谨慎的过程。

　　站在全局角度思考问题，制造商和渠道商必须与上下游伙伴共同巩固自身实力，最终整体形成具有强劲实力的利益共同体。

第 二 章　京 东 增 长 的 特 性

重新定义
京东

第三章

# 雷达图系：京东增长表现

京东的增长表现与雷达的造型、功能和特质有着共通之处。考拉看看头部研究中心构建出"雷达图系"的逻辑模型，用于更形象地梳理京东增长表现的逻辑。

普遍的雷达造型，分为可灵活探测的天锅部分和持续稳定的基座部分，这与京东呈现在外部的高机动探索性和企业内部团结稳定特质相契合。而对于京东增长表现的阐述逻辑，也从内外部两个方面展开。

发射端口是雷达向外进行探测的第一步和关键一步，也是后续雷达探测各类消息的基础。雷达是通过发射天线，从而向固定方向准确发射电磁波能量，获得相应的情报和能量反馈。京东增长也具备发射端口的特性，不断向外探测、尝试，极具灵活性。最终，这些尝试的综合成果，会清晰地呈现在京东增长的雷达图上。

脉冲回馈则是雷达在向外进行探测后，所接受到的电磁波信号。波长更短的雷达脉冲精度更高，反之更低。雷达所接受的脉冲回馈，是其向外进行探测的必然收获，只是接受的脉冲有波长波短之分，但归根结底，都将成为雷达最终探知的信息之一。京东的对外探测中，也会遇到波长波短的回馈。其中，一些长波回馈看似无效，实际都为京东后期的增长起到了助推作用。"脉冲回馈"就是京东在向外探索中，穿过迷茫，剑走偏锋式地实现迂回增长的表现。

频段递进是雷达接受电磁波的动态过程。在接受不同方向的电磁波时，雷达需要层层向内输送波段，并非直接输送。京东的发展历程，在不同的力量支持下，呈现出层层叠加递进式的增长。

　　雷达基座是雷达能够灵活探测、减震固本的基础，也是雷达运行的支撑力量。而京东一系列的增长表现，最终都将回归企业内部的增长和发展。企业内部决策、组织架构、精神文化，都是企业运行的根本支撑。京东在不断增长中持续汲取的力量，也将最终回归企业内部，促进基座核心动力的产生。

　　通过对京东多方面增长表现的阐释，将其品牌力、影响力、体量、文化、体系模式等多个方面，呈现在多维度的雷达图模型上，就形成了完整的"雷达图系"模型。

 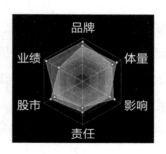

# 第一节
# 发射端口：成功挑擂

## ⊙ 正品基因

京东独特的增长基因中，挑擂是关键词。所谓挑擂，是指京东主动向外挑战，奠定自身行业地位的行为方式。由此，考拉看看头部企业研究中心总结出"京东挑擂法则"，以剖析京东挑擂成功，为企业开拓崭新版图的表现。

作为现今国内最大的自营电商零售平台，京东具有广泛的品牌影响力、强劲的平台黏性，以及主营电子数码品类的巨大体量优势。这使其在打破国内互联网企业"BAT"格局之下，一举跃居 2020 年度中国零售百强榜亚军。

回到根本，由质量衍化而来的品牌号召力，是企业在浪潮迭代中行稳致远的根基，也是链接售买双方的最牢固引力。这是京东初出茅庐时就懂的道理。

1994 年，来自中国的网络符号接入世界网络，由此开启了国内的互联网时代。短短数十年间，一场以网络为桥梁的数字变革铺展开来，席卷了国家生活生产的各个角落。实体售卖、客货见面的传统模式，被一道无形的数字互联网立起了屏障，也催生了跨越地域空间和打破信息闭塞的更多可能。

商品交易被搬到互联网上，图片浏览和关键信息检索代替了商超巷尾的随机盲选。数字算法和云应用，开始无孔不入地进入了人们的生活。然而，不管商业时代和模式如何更迭，以质量为绝对准则的生存方式，始终是企业在环境变动中，迎风增长的不二法门。

京东最初设定的道路，就是为消费者提供实实在在的正品行货。在京东一路发展中，其潜在的"正品行货基因"就已经初见端倪，并逐步成为京东极其稳固的增长极。

## 初期：标新立异的正品店铺

京东坚持正品行货的原因有两点：其一，京东是从电子产品软硬件起家。在中国民营"下海创业"浪潮涌动的年头，电子数码产品还是小众消费者们的爱好，这个行业本身具有一定的经济和技术门槛。销售品类瞄准了电子产品，就意味着京东只能做选择题，要么在售假暴利中逐渐跌下"悬崖"，要么在正品正价下缓慢生长。显然，京东选择了后者。

其二，来源于创始人刘强东的企业理念和愿景。京东的成长路径，带着痕迹明显的刘强东风格。"坚持正道成功和坚守品质的企业精神"是这位创始人对京东发展设定的"绝对红线"。

但初创时期的京东，对正品行货的概念界定并不明晰。更多的是京东始创团队，秉持着为消费者提供正品行货和便利服务的宗旨，实现企业价值最大化。

第 三 章　　雷 达 图 系 ： 京 东 增 长 表 现

2002 年，京东在北京中关村硅谷电脑城的柜台营业时，就明确摆出了正品、明码标价的态度。当时京东的主营业务是光碟零售。一张正品光碟成本普遍为五元左右，而将一张假货白盘进行加工再出售，成本仅需一元钱。中间巨大的利润差，致使中关村光碟的制假售假现象频生。[1] 在这样的背景下，京东选择做"困难的少数党"，坚持卖正品行货。

这样的做法在当时看来似乎很"吃亏"，但这是京东走出中关村的必然选择。正如创始人刘强东曾自述："如果当时我们像其他柜台一样，卖假碟或者盗版，或许当时会赚很多钱，但绝不可能有现在的京东。"当时的京东就明确地意识到，坚持提供正品行货、坚守正道成功法则、持续提供高质量服务，正在推动着京东品牌力的形成，并逐步成为企业立足市场的根基。

真假光碟只是当时中关村行业整体状况的一个缩影，但京东的日后发展已经在此埋下了伏笔。

价值为98元的第一单，奠定了京东越来越高的成交率和回购率。循着京东招牌前来买货的客人，与日渐衰落的中关村售假商户形成鲜明对比。于是这些中关村商户们开始聚集"火力"，指责京东蚕食同行的销售业绩，共同抵制京东在中关村投放的广告。

这两条截然不同的发展路线，不可逆转地向相反的方向发展。

2003 年，京东的销售额就已经高达八九千万元，成为国内光磁

---

[1] 刘强东 . 刘强东自述：我的经营模式 [M]. 北京：中信出版社，2016：71.

产品领域最大的销售商。❶ 2011年，曾经被誉为知识者天堂的北京中关村电子商贸城，在乱象丛生的侵蚀下轰然倒塌，以倒闭告终。

在这场旷日持久的"真假阵地"之争中，京东凭借其质量理念，逐渐在受众市场建立起品牌影响力。正因如此，2003年京东被迫转战线上，进入完全陌生的互联网零售领域时，基于五年正品行货的高质量深耕，至此，京东朝着互联网零售的方向，迈出了坚定的第一步。

## 进阶：源头品控+自营监管

京东坚持提供正品行货，不仅表现在掀起了行业正品风潮，更表现在其产品监管和品控方面。

严控源头是京东进行产品监管的典型例子。作为中国自营B2C电商头部企业，早在2008年，京东就曾向内部发出严正声明，要求缩减档口供应商的比例，必须在完全保证产品质量，杜绝水货、假货的情况下，与合规的供应商合作。

同时，京东向内进行严格管控，招募专职监察工作人员。京东再度重申，其供应商必须经过官方评估和挑选，服务质量水平俱佳。严令杜绝从内部滋生腐败问题，或与企业的货源供应商产生私人交易，从而危及京东的正品行货质量。

化妆品是零售领域假货、水货的重灾区。京东为严厉打击假冒

---

❶ 李志刚. 创京东 [M]. 北京：中信出版社，2015：35.

伪劣产品，自2007年向综合性零售电商转轨后，化妆品业务多集中为自营模式。

对京东而言，这是坚持正品化妆品零售的最优途径。因为对部分小卖家而言，正品行货的盈利空间十分有限，难以支撑长久的营业运转。另外，为保证盈利，部分小卖家以身试险，假货问题滋生。这无疑会给平台带来极大的潜在风险和负面影响。

正因如此，京东对第三方商家的资格开放和审核极为严格。想要入驻京东销售化妆品的卖家，货品质量有保证是基础门槛。品牌商在扩充市场的过程中，会对零售经销商进行审核和授权。这样官方认证的授权经销商，才是京东积极吸纳的优质第三方。

京东明确一点：随着经济发展、消费升级，消费者需求将会愈发成熟，分辨力也会愈加强悍。京东坚持数十年的正品行货价值，也将愈加凸显。

除严抓源头品控外，京东针对自营产品还配备了一套完备的质量检测体系。2016年，由京东与中国质量中心（CQC）牵头，全国多家权威认证机构联合发布的"京东小家电准入要求和实施规定"正式出炉。❶京东旗下零售的产品，从源头生产加工，到出厂成品的质量监测，再到货物储备入库，全部纳入京东信息追溯体系当中。产品的每一环节都牢牢把握在京东手中。

两年后，京东自有品牌"京东京造"（简称京造）正式上线。京

---

❶ 军路行. 知道京东品质高，但没想到，竟然…… [EB/OL].（2017-11-15）. https://www.sohu.com/a/204464421_562467.

东京造取名沿自谐音"精心造"，以"实现高端商品更优价格"和"大众商品更优品质"为主旨，❶通过大数据搭建用户需求模型，用以精准开发全新产品，执行全链路质量管理方案。参与产品开发全流程和全周期的同时，"京造"还负责连接从厂家到消费者的通路，包含网页浏览、下单、货物收发、产品品质保障和售后服务的全面"接管"。

在"京造"板块中，产品研发后的质量监测，是衡量其品质的重要关卡，也是京东对产品质量监管严苛的真实写照。

在一次"京造"推出即热饮水机后，京东收到消费者反馈，提出该款饮水机在最初使用时，第三至五杯水中，会出现一定程度上的橡胶味。于是京东将这一款产品进行拆解分析，发现问题来源于饮水机内的胶管。即使该款产品在上市前的测试阶段中，已经全部通过食品接触材料的专业检测，并不会给身体带来危害，但消费者出现产品使用体验不适，就已经违背了京东"为国民生活品质代言"的初衷。所以，京东决定对产品进行优化。

当时京东面临的最大问题是：气味和口味这两种难以通过数据量化的感官感受，该如何通过固定检测方法和感官标准，进行测算和改良。为此，"京造"的相关负责团队，开始大面积召集第三方检测机构，对全球食品级感官标准进行查找和筛选，最终以德国的相关标准为模型参照，对"京造"专用的评价方法进行更新改善，并

---

❶ 知乎.京东京造的质量如何？[EB/OL].（2020-01-02）. https://www.zhihu.com/question/362986611.

将瑕疵产品进行改良。经过优化后，该款产品的问题反馈数量明显下降，好评率在原先基础上大幅提升。

正因如此，刘强东曾骄傲地说："对于追求正品和质量的消费者们，京东是国内在线购物平台的首选。"

服务质量提升，也是京东坚持走正品行货道路的体现。

随着京东"211限时达"、七天无理由退款、线上客服等服务项目的启动，京东的售后服务体系再上新台阶。在京东生日庆"6·18"期间，保证24小时内，90%的京东自营订单能够准时抵达，不仅如此，京东旗下的即时订单配送成交额环比增长130%。简单来说，在2020年京东"6·18"期间，最快仅需要十分钟，就能够将产品顺利送到消费者手中。❶

2021年3月，"2021年电器消费满意度调研报告"出炉。数据显示，在电器消费领域，消费者更倾向于将正品行货、配送速度、技术支持、优质售后，作为其消费行为的指导依据，而消费者购买电器的首选平台为京东，京东的销售数据在线上、线下榜单中，均为榜首。❷这无疑是对京东多年坚持正品行货的有力褒奖。

---

❶ 砍柴网.最好性价比、最好品质、最好服务永远不变，京东这个护城河够深[EB/OL].（2020-06-19）.

❷ 金融界.电器消费最看重品牌品质 京东平台使用、认识度均为消费者首选[EB/OL].（2021-03-12）.https://baijiahao.baidu.com/s?id=1694011921756756909&wfr=spider&for=pc.

## 成熟：强强聚合的品牌效应

长期坚持正品行货，为京东发展奠定了强势基础。犹如不断滚动的雪球，京东企业品牌影响力不断扩大。与此同时，京东通过强强联合，助推品牌力更上层楼。

2011年京东在着力布局全品类销售时，专门上线了奢侈品零售板块，这是其品牌聚合效应产生的起点。2015年，京东带领中国原创设计品牌走进米兰时装周，同年达成合作的时尚类品牌方已经多达十万余个。2019年5月，与全球时尚垂直电商Farfetch达成合作，为京东带来了600多个品牌和超过100万个SKU；当年"6·18"购物节当天，京东奢侈品交易额同比增长75%。这使得消费者几乎能够在京东商城找到所有的奢侈品牌。❶

此外，品牌间的强强聚合效应，正在给京东带来新的优势。截至2021年12月，京东不仅仅是茅台、五粮液、洋河等国内驰名品牌的最大零售商，还是法国拉菲集团在中国大陆的最大单体零售商。京东贯彻的"品质保真"，为其吸引了极具价值的同行伙伴，而与"巨头"们的"同桌会晤"，也将为京东提供更为强悍的品牌背书。

值得一提的是，2018年，京东与泰国最大的零售企业尚泰集团携手，共同创建了崭新的泰国零售平台"京东泰国"。该平台具备着

---

❶ 周惠宁. 短短两年有200家奢侈品牌入驻，京东做对了什么？[EB/OL].
（2019-10-18）. https://baijiahao.baidu.com/s?id=1647695772455071472&wfr=spider&for=pc.

京东一贯的风格，自上线运营起，便以"正品行货"为企业宣传标语。短短三年间，京东泰国在曼谷的订单配送，已经实现了95%以上的当日送达标准。此外，该平台还搭建起了中泰专线，❶不仅为中国、泰国出口品牌提供电商经验和生长渠道，也将"正品行货"的中国式服务，带向国际舞台。

如同京东坚守质量基因，逐步衍生出滚雪球般的品牌优势价值一样，强强聚合效应正在展现真正的中国民营企业基因和风范。

## ⊙ 低价策略

京东的低利润率营收一直是业界关注和讨论的焦点。

非美国通用会计准则（non-GAAP）数据统计，2020年度京东经营利润率（non-GAAP）为2.06%，经营利润（non-GAAP）为153.37亿元，相较上年增长了0.52%。尽管这是京东营收自2019年转亏为盈的首个峰值，但这一项指标仍处于低位。❷

作为一家零售电商企业，京东的自营模式是其业务的核心。同样因为主打自营，从采购、库存、销售、运输，再到交付和售后，

---

❶ 中国财富网. 京东泰国蓄势三年打造"中国服务"正品行货重塑消费者对电商的信任 [EB/OL]．（2021-09-28）. https://baijiahao.baidu.com/s?id=1712137178730653839&wfr=spider&for=pc.

❷ 王子西. 净利润494亿投资者仍冷淡以对？京东年度经营利润率仅2%[N/OL]. 投资时报，2021-03-16. https://mp.weixin.qq.com/s/jGFoha3lPSYGiQqatkaUBQ.

商品交易的一应流程，都需要企业全权承担和把控，因此京东的毛利率始终远低于其他零售电商。

在低利润率的基础上，京东最广为人知的价格策略就是"低价"策略。

在商界，经营者趋利避害，寻求高收益和高利润率本是行业默认的规则。对于上市公司来说，吸纳投资后，力求利润最大化回馈给投资方，以寻求双方合作良性循环，亦是企业追求高速增长的常规方式。

但京东在价格领域选择的道路，却十分耐人寻味。

## 表现：低价争锋

在实体店铺创业时期，京东凭借着"绝对正品和低价"两大战略，开辟了广阔的受众市场。仅在光磁产品零售领域，京东就凭借着全国60%的市场份额独占鳌头。

2008年，京东在B2C电商领域经营得风生水起，凭借产品和价格优势，成为当时该领域的"冉冉新星"。随着企业发展的需要，京东逐渐开始尝试在自有平台进行全品类扩张。其中，开拓大家电市场是一个重要节点。

根据中国电子信息产业发展研究院的公开报告，在2009～2012年，家电行业的占比增幅超过700%，从0.47%升至3.92%，这意味着家电市场将会成为一块巨大的蛋糕，等待着划分。

第 三 章 雷 达 图 系：京 东 增 长 表 现

进军大型家电领域时，2012年8月15日京东掀起业内广泛关注的"8·15价格战"，一举将当时国内风头正盛的苏宁、国美拉入战局，开始了一场线上对垒线下、电商主导与实体主导的家电价格战。这场号称电商家电史上"价格最低的价格战"，也从侧面展现了京东的低价策略。

2012年8月14日，刘强东发布微博，宣布即日起，京东商城所有的大家电，将比苏宁和国美这两家时下家电巨头便宜10%。该消息迅速登上各大财经栏首页。苏宁和国美方面对此及时作出回应，表示己方旗下的家电产品都将在一定区间内低于京东。

家电价格战就此拉开帷幕。

紧接着，三家企业家电产品价格一轮一轮地下调。仅在2012年8月15日上午10～11时，京东商品价格降幅达19%，苏宁商品降幅则为17%，而国美在同一天18时成功位居"比价榜"首位，所有商品中有442种比其他两家企业更低。

这场价格战起起伏伏发展到2012年末。从最初三家家电企业的激战，逐渐扩大范围，易迅网、当当网也先后加入其中。

但价格战的核心仍在家电领域。从最终数据上看，国美商品降价比例最大，而苏宁的实力最强，京东则成功通过价格战拓宽了京东商城的全民知名度。

不过，京东本身并不赞成价格战。如果一定要进行亦不可持续过久，无底线的低价是京东绝不允许的。在价格方面，京东的追求是不能比别人高，因为产品价格受成本和效率影响。京东对成本和效率的控制极其严格，因此在低价这一方面，京东有着很大的优势。

## 溯源：创新+系统的后备力量

初入商场，京东便凭借低价销售策略，成为中关村的零售黑马，并受到消费者持续追捧。此后，京东仍旧通过紧贴低价标签，强化自身的竞争力。其中，创新是京东敢于以低价向同行叫板的底气。

2007年，京东率先在交易环节使用移动POS机，不限交易场地、场景，把商超连锁搬到任何支付可以发生的地方，在当时就将京东的发展增速上提了30%以上。

京东人的创新意识是低价的重要支撑。

2017年5月，京东北京生鲜仓一号库成立。作为生鲜仓负责人，乔旭发现了工作中的诸多问题。比如，生鲜仓所用的保温箱，由于周转缘故，外部常常有污渍，极其影响客户体验。

但要解决这个问题，难度不小。

一方面，彼时，华北区每日需求保温箱数量达21000个。另一方面，清洗保温箱的设备和标准并未形成。此外，一旦清洗，难度和成本都会上升。尤其在冬天，华北地区温度低，清洗更是难上加难。

乔旭了解具体情况后，于2018年4月提出设计一款用于清洗生鲜保温箱的设备。当年5月底，自主设计的自动化清洗设备就投入了使用。该设备每小时可清洗1000个保温箱，2名员工便可完成之前10名员工的工作量。人员成本大幅降低。同时，高效清洗保温箱，提升了其周转率，减少了大量的一次性材料使用，耗材成本也

第 三 章 雷 达 图 系：京 东 增 长 表 现

得到降低。

系统是京东能够践行低价策略的根本力量。

对于零售行业来说，价格、服务和产品，是企业能否基业长青的关键。对于零售方来说，仅做到三者中任意一点并非难事。然而，想要三方兼顾，将生意做好，却并非易事。

京东是个例外。依托于内部物流系统、信息系统、财务系统构成的体系，京东找到了兼顾价格、服务和产品的最佳解决方案。

三大系统中，物流系统用于减少冗杂环节、降低搬运成本、提升货物周转效率；信息系统则是用于核心调度，将最适宜的项目派设到需要的环节，通过智能化的数据运算，高效衔接企业各个环节的合作联动，为运营提供技术支持；财务系统则是专注于价格相关的参数运算，将降低成本、提高效率落实到方方面面。

每日拣货就是一个典型案例。过去，物流板块的生产班组经常面临一个情况：拣货员跟着货物跑，一旦扫描停滞，拣货员就要花时间检查。这就导致其生产效率呈现波峰波谷的形态。京东则通过高效调度的信息系统，合理化计算每个岗位的最佳工作时间，让每位员工都没有等待时间，以此提升公司运行效率。

刘强东提到，过去京东将90%的钱和精力花在了三个系统上，所以比竞争对手的成本更低、效率更优、产品更丰富、服务也更好。此外，京东无处不在的创新思潮，让京东始终能够在更灵活的盈利空间内，选择用低价让利于消费者。

京 东 增 长 法

## 愿景：让利于消费者

通过三大系统和创新，京东将产品价格降低到适度区间，并在零售行业内长期处于低利润率状态，源自对企业发展的超前认知。京东认为：自身的竞争力在于降低成本和提高效率。

积极地进行降本增效，意味着京东能够掌握价格的主动权。由此，薄利多销成为京东的标签。企业品牌被更多的市场和受众了解，意味着京东有着持续增长和掌握更多话语权的可能。

值得一提的是，京东的低价并不建立在降低利润之上，东西卖得便宜不等于盈利减少。京东贯穿始终的价格理念，是通过优化渠道结构、服务模式等环节，从而降低更多成本。在消费者获得更好、更便宜的产品和服务的前提下，京东获得更多企业利润。

对于消费市场来说，京东像是在封闭池塘注入的一汪活水。不仅让消费者对健康透明的客商关系产生新的认知，更将中国零售市场内数十年来固化的零售体系逐渐击溃。不同区域之间高筑的价格壁垒得以打通，一场跨越数年的零售行业跃变得以开启。

举个例子，按照城市当中的均价来算，过去一台彩电售价应该在150元上下浮动。为了保证各级经销商的利润，当这台彩电向下一级单位分销的时候，就会在原有售价的基础上加价，让消费者支付更多的分销成本。也就是说，同一件产品到了县乡单位，其价格就可能上涨了近五分之一，而消费者只能在固定的分销体系下，被这些零售商户们"薅羊毛"。

第 三 章　雷 达 图 系：京 东 增 长 表 现

直到京东转战电商，这一现象才迎来改变。京东用正品击溃泛假市场，用低价策略惠及了更广阔的消费群体。尤其在掌握足够的市场话语权后，京东通过删繁就简的策略，剔除多余环节，打通从厂家到买家的通路，将原有的稳定供销体系打破，真正做到惠利于消费者。

具体而言，京东从改善上下游运行效率着手，增加企业利润。在此基础上，企业的利润大小不取决于销售营收，而取决于原有营收模式的优化程度。也就是说，消费者和商户的关系从"相互拉扯"，变成了"共同前行"。

低价诚信经营，换来了指数级的口碑效应和回购增长。超前洞见的售后意识，使国内市场这一批率先接触互联网的消费群体，与京东形成了共同学习成长的共生链。同时，也让消费群体逐渐觉醒，意识到健康的消费市场应当以顾客为中心。

## ⊙ 绝对第一

对于白手起家的京东而言，3C是其最初的成长沃土，也是其现今立足于市场的最大优势之一。在正品行货的品牌基因、契合受众的价值理念下，京东逐步建立了自营销售模式，以及全平台统一、及时的售后服务等。诸多优势如滚雪球一般不断叠加，使京东"拔腿狂奔"，逐步成长为3C销售领域的头部企业。

正如刘强东所言：“对京东的要求是要做第一，绝对的第一，比第二名到最后一名加起来都多的第一。”❶在3C领域，京东确实做到了这样的第一。

## 真正的3C零售强者

京东在3C板块的实力不容置疑。

成立于2015年8月的京东3C事业部以全品类联合的方式，于2016年4月首次在公众面前亮相。❷此次业务板块整合，将京东引以为傲的3C板块放到台前，将手机、数码、IT这三大品类纳入其中，涵盖了共计2344个品牌，一举成为渠道遍及全国的最大零售电商平台。同年，京东在B2C市场的占有率为59%。

2016年4月，京东再次全面提升3C营销平台，启动3C频道和为期一个月的“3C购物节”。❷此外，京东再度携手8家百亿级知名厂商、60家十亿级品牌商家，以及上百个亿级品牌，打造京东3C领域的超强经营能力。至2016年，京东平台上的活跃用户总数就已经高达1.55亿，移动端的用户占比为61%。时下京东的经营运作队伍，就已经高达25万人之众，在全国建立了3500家实体行销网店。❶

---

❶ 文秘帮. 京东3C“放大招”[EB/OL].（2022-10-15）. https://www.wenmi.com/article/pzenu403qc9b.html.

❷ 什么值得买. 整合+创新：京东3C公布 全产业链升级计划3C购物节同期启动[EB/OL].（2016-04-07）. https://post.smzdm.com/p/ae20w4k/.

数据的直线攀升，只是京东3C领域专业业务水平的印证之一。消费市场对京东的态度，从"买3C到京东"，逐步转变为"买3C信京东"，才是真正意义上对京东完备的价格服务、自营物流乃至品牌认同的集中体现。

为什么是京东的3C最强？京东的3C究竟强在哪里，才能够在竞争激烈的消费市场中，攀至3C阵营的主峰峰顶？

总体而言，在3C零售板块当中，京东同样曾充当"挑擂者"角色。在持续增强自身的竞争力的同时，京东逐步超越了所有同类别的竞争对手，在行业中拔得头筹。

同时，京东坚持给消费者提供正品行货，将隐匿在中关村商铺之下的制假售假链条，冲击得溃不成军。短短四年间，京东将依靠"坑蒙拐骗"的实体商户挤下试炼场。

另外，凭借着"低价"战略，在正品销售市场中，京东抢占了最为广阔的消费者市场。利用线上电商打破地域、冲破信息接收壁垒的优势，建立起京东3C经营模式的雏形。

最后，京东自营模式带来了巨大的市场优势，成为京东3C零售在广袤的大众市场扎根并蓬勃生长的重要因素。对于平台销售产品，京东从品牌行货认定、低价销售，再到配送物流和产品售后，全流程把控。由此逐渐在大众市场上形成概念：买3C就得去京东。

## 3C争锋史

与新蛋长达五年的电营3C之争，刻画了京东初创时期的机制增长之路，也奠定了京东登顶的发展脉络。

这是一场实力悬殊的对抗赛。2001年，当京东尚在中关村柜台，与一干供应商"斗智斗勇"，反复思忖着该如何优化货仓搬运效率的时候，新蛋就已经在大洋彼岸的美国南部加州成立运营。这家主营3C业务的B2C电商，最初的市场布局和大本营都在美国。2004年，在新蛋中国员工卜广齐的建议下，新蛋创始人张法俊决定将美国模式照搬到中国。

此时与运营模式规整、经验丰富的新蛋不同，京东刚刚在客观环境变动下，被迫转型线上经营。2005年，新蛋在中国片区销售总额高达6000万元，其大本营美国的营收总额更是突破了13亿美元大关，❶成为中国最早一批IT互联网消费者进行购物的首选网站。同年，本土"草根起家"的京东，销售额仅为新蛋中国营销额的六分之一。

企业实力的悬殊和区别明显的运行结构，让京东与新蛋这两位同行，在进入中国3C电营领域之初，并不具备共坐一张谈判桌的条件。

直到2007年，属于京东的增长拐点到来。新蛋和京东这一组对手，终于拉开了国内3C电商零售领域的"顶峰之战"。此时京东的销售额已突破3.6亿元，成功获得一笔高达1000万美元的融资。❶在线上蛰伏数年的京东，攥着巨额资金开始布局物流仓储，预备大范

---

❶ 李伟龙. 曾比京东还火的新蛋中国关闭重整，新蛋为什么败了？[EB/OL].
（2019-12-12）.

第 三 章　　雷 达 图 系 ： 京 东 增 长 表 现

围地扩充产品线。这时候京东的"探测雷达"精准朝向3C领域的新蛋。

彼时的新蛋，因为创始人张法俊选择保守的"弃中选美"战略，错失了中国互联网电商市场的"黄金上升期"。在京东日订单量突破3000单，并成功连接北上广三市，建立了京东的三大物流体系构架时，年销售额不到京东三分之一的新蛋坐不住了。

2008年，新蛋开始"砸钱"在中国扩充产品线，并立下战帖：在新蛋销售的所有商品，售价一概比京东低4%。一年后，新蛋的销售额一路猛涨，做到了近10亿的营收成绩。可是，新蛋低估了京东这位"草根"对手的韧劲，也选错了与京东对垒的方式——进入了对手最为擅长的"低价"战略当中。

一副耳麦，新蛋售价为39元，京东则降价到38元。双方交替压价，直到压至新蛋的成本价时，京东还可以再低五毛钱。新蛋和京东之间的竞争，简单又直接，在"战局"最为焦灼的阶段，双方甚至能够不惜亏赔，拉长阵线打消耗战。

新蛋不具备京东背水一战的精神，也不敢将宝全数押在中国这一支线市场。所以在新蛋累积注入4000万元与京东较量后，总部紧急叫停了这场价格战。被断粮的新蛋中国放弃了与京东的较量。这意味着，新蛋将中国3C电商零售市场拱手相让。

2010年，京东的全品类布局和线下物流铺设，开始产生优势聚合效应。这一年京东的销售总额突破百亿，在国内电商零售领域当中，位居第二，仅次于阿里巴巴。反观同一时期的新蛋中国，年销售额仅为18亿元。至此，这场声势浩大的3C板块的电商王座之争落下帷幕。自此，京东稳居国内3C电营企业首位。

## "个体零售"跃升平台竞技场

随着市场潮流的变化，京东从专业的3C零售电商平台，逐渐成为知名3C品牌商们"角逐"的竞技场。其"6·18"年中大庆，就是其展现巨大流量驾驭能力的典型。

在国内电营平台，京东"6·18"和淘宝"双11"掀起的购物狂潮，让根深叶茂的国外老牌互联网企业都为之咂舌。2014年上市之后，每年的"6·18"购物狂欢庆典，都是京东全年销售布局的重中之重。随着京东3C主阵营的优势聚合作用，它已经逐渐从销售数额量化的企业，逐步"隐退"至幕后，成为众多知名3C品牌的"逐鹿"舞台。从2021年6月，小米、荣耀、科沃斯、小度等知名3C家电品牌，在官方宣传渠道竞相"晒出"京东销售成绩单就可见一斑。"爱普生打印机销量在京东平台累计量超500万台""小度智能音箱累计销售超800万台"等诸多亮眼的销量数据依次亮出，不仅凸显了消费市场对京东和品牌产品的认可、信赖，更凸显了品牌方对京东平台的重视程度，以及京东超强的零售和流量掌控能力。❶

---

❶ 砍柴网. 各大3C家电品牌官微通晒京东里程碑奖杯，站台京东618展望新佳绩[EB/OL].（2021-06-06）.

第 三 章　雷 达 图 系：京 东 增 长 表 现

京东"6·18"战绩，仅仅是京东在3C主阵营里与众多品牌老友们长期合作的缩影。在这个京东着手搭建起来的舞台上，不仅能看见各个知名3C家电品牌携自家新品隆重亮相，还有无数具有深度潜力的黑马品牌伺机而动。

在2021年的京东"6·18"十八周年大庆中，京东仅用10分钟，其平台上8000元以上价位的高端空调柜机销量同比增长230%。另外，小米手机成交额突破亿元大关仅仅耗时5分钟，再次彰显了京东3C"老本行"的强劲实力。❶

## 赋能3C共生共享

优势效益共享，扶助3C行业共同正向生长，是京东久久为功的方向之一。

VAIO曾是受众广泛的3C品牌，凭借其高体验感的优势，受到了市场的青睐。然而，由于母公司索尼业绩的持续下滑，该品牌被迫剥离原有母体，并决定退出中国市场。在撤出的边缘，京东选择向其伸出"合作的手"，助力其重新回归国内小众市场。加之京东强悍的3C电商供应链，再度提高了大众市场对该品牌的认知。

原先逐渐淡出受众视野的品牌，正在借助京东重新变得鲜活。如黑莓、夏普和联想等品牌，都携带全新产品重回受众市场。当下，

---

❶ 砍柴网. 各大3C家电品牌官微通晒京东里程碑奖杯，站台京东618展望新佳绩 [EB/OL].（2021-06-06）.

京东在3C销售领域的体量和影响力，在业内可谓首屈一指。但若京东的3C市场趋向饱和，3C业务又该何去何从？

早在2015年，京东高层就曾明确表示：3C产品的售后服务，以及京东三、四线城市，甚至是农村乡镇的渠道下沉，都极具发掘潜力，亟待京东体系进行开拓。同时京东恪守本职，致力于做实事、做真事，通过自身力量，全力增强用户体验，用一贯"慢而有效"的方式，在时间的淘沥下，搭建自身的护城河，真正地实现企业"被需要"的价值。❶

# 第二节
# 脉冲回馈：迂回增长

## ⊙ 自建物流的长线杠杆

独特的直销业务模式和强大的物流基础设施，为京东带来了超强的品牌力。不过，要在广袤的中华大地上，铺设一张通畅的货物运输网，需要投入难以估量的资金。因此自2007年京东开始自建物流体系起，就走上了一条持续烧钱的"不归路"。业内笑称："卖货

---

❶ 宗宁. 双十一京东帝都保卫战，3C打响第一枪[EB/OL].（2015-10-29）.
https://www.sohu.com/a/38607430_118797.

郎"京东，养了一只物流"吞金兽"。

这里需要引入一个概念。伴随着互联网电商行业的蓬勃发展，轻模式（即轻资产平台型商业模式）和重模式（即重资产平台型商业模式）在行业内使用频次渐高。

简单来说，轻资产平台业务型的企业，更加依靠技术创新和变革，资金流转灵活。重资产平台业务型企业则显得"笨重沉缓"。产业开拓、经营打理大多依靠庞大的资金以维持运转。比如，阿里巴巴、拼多多就是典型的轻资产平台型商业模式。这一类模式中不会涉及自有库存和物流设施。京东相较而言，是一个典型的重资产平台型企业。

互联网经济相较于实体经济，本身就具备着打破地域空间布局、信息壁垒的天然优势，轻巧、灵敏、快捷是它的显著标签。可同样身处局中的京东，却似乎在朝着反方向狂奔，在重模式框架下成长。数据显示，自2018年底以来，京东的股价上涨了97.6%。同期的阿里巴巴和拼多多股价则分别上涨了37.6%和66.0%。❶

## "最后一公里"痛点

2004年，全面转战线上后，京东服务面积大幅度拓宽、营业效率迅猛上升。互联网将客商距离拉近的同时，也在二者间架起一道无形的网络壁垒——买卖双方无法像实体店铺一样，瞬时、直接

---

❶ 周秀成. 京东（JD）：电子商务领域的优质品牌[R/OL].（2020-03-26）. https://robo.datayes.com/v2/details/report/4202158?tab=original.

地进行货物交付。于是，京东将完成销售的最后一步交给了第三方物流。

21世纪初期，随着互联网电商的兴盛，物流行业也逐步兴起。但当时的物流行业，更多充当着连接甲乙双方的角色，并不为销售方的货物、服务负责。这导致业内管理体制和权责结构欠缺，商家良莠不齐，暴力运输、野蛮配送的情况屡屡发生。

京东的零售货物，多数为大宗电器和精密的数字设备，不仅对搬运途中的稳定性、可靠性有一定要求，还需要保证及时提供售后维修和退换货服务。频繁的货物损坏和受众投诉，促使京东必须在这"最后一公里"上寻求突破。

很快，时机来临。

2007年是京东增长跃升的重要转折点之一。这一年京东获得自创办以来的第一笔融资。拿着这1000万美元，刘强东做了一个重大决定——建设仓配一体的物流配送体系。

如同决定转战线上一样，"敢想敢做"的京东，在其高机动性和执行力的运转体系下，京东自建物流仓储体系开始运作。2007年建成京东首个库房，由此，京东物流开启了多年的持续亏损。

同时，京东在北京、上海、广州建设的三大物流体系也已落成。一年后，京东的销量猛涨，导致平台接收的订单量，远远超过了现有仓储所能承受的极值。京东迎来了自建立起最严重的一次爆仓。猝不及防的一役，让刘强东加大了物流板块的注资力度。

2011年，京东表示：计划三年内将100亿元投资用于自建物流体

第三章　雷达图系：京东增长表现

系。因此，集团的第三轮融资中，京东毫不犹豫地将15亿美元注入自建物流建设。然而，随着越来越密集的配送网点搭建成功、"亚洲一号"等大小仓储的落成，京东自建物流的亏损仍在持续扩大。

2015年，京东发布的财报显示，当前京东物流的累计亏损额已高达94亿元。2016年，京东物流单件单价价格为13.2元，全年订单量为16亿个，综合测算下来，京东物流仍在持续亏损的路上狂奔。❶2018年，京东创始人刘强东在企业内部信中表示：截至当前，京东物流的连续亏损，已经长达12年。仅仅2018年，京东物流的亏损就高达27.6亿元，已经拖累了企业的其他业务，按照这样的下行趋势，企业融资来的钱，只够支撑两年。❷

消息一出，本就身陷舆论质疑的京东物流，像是提前被下达破产"判决书"一样。苦撑多年的京东物流，似乎真的已经穷途末路、难以为继。于是，"京东狂掷数百亿，心血栽培终落空"的唱衰言论开始扩散开来。

极具戏剧效果的是，在业内部分同行和"专家"的质疑下，为京东物流叫好的声量却越来越响。这是因为，最初物流作为内部工具，只服务于京东商城一个客户，同时提供数据预测、仓储、配送等系列服务。2017年，京东物流独立之后，将解决方案向外输出，为头部企业客户提供定制服务。也正是因为这样，外部客户带来的

---

❶ 陈芬.京东物流谋求上市 [J].中国经济信息，2018（4）：56-61.

❷ 百度.京东物流亏损14年但仍然是物流界中流砥柱 [EB/OL].（2021-05-17）. https://baijiahao.baidu.com/s?id=16999656536561111366&wfr=spider&for=pc.

京 东 增 长 法

116

收益占比，正在京东物流的收入总量当中逐年提升，2020年前9个月，该比例已经从2018年的29.9%提升至43.4%。这意味着，京东物流对电商客户的依赖程度，正在不断减弱。❶

可持续注入的高额资金，在京东物流建设上带来的优势终于开始显露。

## 突出物流重围

长久来看，销运一体的模式为京东带来了厚积薄发的成效。首先，免去了借助第三方运输的租赁成本。其次，自建物流的单个货物成本额，均低于依靠第三方的成本额。此外，京东自主搭建物流，还意味着京东拥有选货、销售、配送、售后的全流程把控权。优选正品、优质服务理念和文化，将从京东企业内部完整传达至消费者。

控成本，是京东一如既往的优势。

2015年，国内物流体系中四通一达的覆盖模式基本成型。在成体系的物流行业竞争格局下，京东物流仍能在其中抢占优势。2015年京东物流配送总次数为4.17亿次，其中平均每单成本为11元左右。与京东物流相比，四通一达的每单平均成本则在13元上下浮动。

在低成本运转的同时，京东物流的履约能力也在迅速提升。

2017年，在京东下达的订单，6小时内能完成交付的占比高达52%。其中，近92%的订单，能够在24小时内完成配送流程，成功

---

❶ 董洁. 京东物流争气了：为京东挣钱，不靠京东养家 [EB/OL].（2021-02-17）. https://mp.weixin.qq.com/s/zen_PlzHY-LDj_2_-_GA7A.

送到顾客手中。此外，京东2016年推出的"京准达"服务，成功将其覆盖在全国75%的城市内，实现2小时精准直达。随后，京东再次对物流服务进行局部优化，在7个指定城市内，实现30分钟精准及时送达。❶

京东物流的服务水平，也是京东惯常保持的优质风格。

根据国家邮政局的消费者申诉数据，2016年，由京东物流负责的每百万件包裹中，出现延误的仅有0.09件，丢失损毁的仅为0.02件，而受到消费者申诉的订单量，仅为0.21件，京东物流在这三项指标上的数额占比，均不到国内物流行业平均水平的一成。简单来说，物流快递行业当中"高投诉、丢件坏件多"的沉疴痼疾，在京东物流机器运转面前，全然隐匿无踪。

数据的增长能够直观呈现京东物流潜藏在表象下，厚积薄发的迅猛发展。

京东物流推出的"城市群半日达"业务，已经覆盖长三角城市群、长江中游城市群、成渝城市群等全国十余个城市群，并成为物流标配。2019年11月份，京东物流在"城市群半日达"业务基础之上，推出"千县万镇24小时达"的时效提速计划，力求打通物流的"最先一公里"和下沉市场的"最后一公里"，积极推进全国物流行业的时效提速。❷

---

❶ 陈芬. 京东物流谋求上市 [J]. 中国经济信息，2018（4）：56-61.
❷ 新华网客户端. 从客户体验到能力沉淀——京东服务在2019蝶变 [EB/OL].（2019-12-30）. https://baijiahao.baidu.com/s?id=1654307363377059360&wfr=spider&for=pc.

2019年末，京东发布企业财报，京东集团2019年全年净收入高达5769亿元，净利润为121亿元，年活跃用户数量达3.62亿。自建物流网络遍及全国89个城市，拥有700余个仓库，仓储总面积约为1690万平方米。❶

2021年，京东物流凭借134亿美元的市场估值，位列"2020年物流科技'独角兽'榜"第二位。经过多年负重长跑，京东物流终于拨云见日，于同年5月28日成功在香港联交所鸣锣上市。

截至2021年7月，京东物流的布局网在世界范围内位居前列。在全球范围内，京东业务不仅涵盖大件、中小件、B2B业务，还涵盖冷链、众包和跨境物流网络。同时，其受众面积不断拓宽，在满足企业和商家需求的基础上，也在向个人用户提供优质的快递服务。

刘强东曾说："我不相信在这世界上有一种商业模式，为你的合作伙伴和用户创造很多价值，最后的结果却是倒闭和失败……只要我们认为做的事情有价值，盈利一定不是问题。"京东物流的逆风翻盘，成功验证了这一句话。

总体而言，京东物流与其母体——京东的发展十分相似。草莽成长而来的民营企业，在波涛汹涌的市场浪潮中，坚持"特立独行"的正道成功。在推动市场、行业结构优化的路上步伐稳健，凭借京东一以贯之的企业文化旗帜，与大众市场产生共鸣，最终被市场和社会坚定选择。

---

❶ 陈芬.京东物流谋求上市 [J]. 中国经济信息，2018（4）：56-61.

第 三 章　　雷 达 图 系：　京 东 增 长 表 现

## 释放增长势能

京东物流这项饱受质疑的业务线，在历经了多年潜心培育后，逐渐成为京东持续增长的"顶梁柱"之一，为京东带来了前所未有的增长空间。经数年铺设的京东物流，在持续注资狂奔中，终于逐渐走出"负营收"困局。2019年，京东物流呈现出触底反弹态势，开始增长。在拉动京东前行的"三驾马车"当中，京东物流的成绩尤为亮眼。同年全年，京东集团的全年净服务营收为662亿元，同比增长了44.1%，其中，就有35.5%的收入比重，是来源于京东物流和其他服务收入，●这也使得自建仓储物流，成为京东保证持续增长的"强力引擎"。

京东物流自2007年落地建设，至2021年已经走过了14个年头。纵观京东物流的发展，能够发现其增长脉络有明晰的三个阶段。

2017年前的十年，是京东物流的蓄力阶段，在这一阶段，广泛的物流网络得以建立，用户体验观感度直线上升。

2017年至2020年，京东物流开始走出内部运行局限，向整个社会开放。"211极速达""京准达""京尊达""千县万镇24小时达"等多元服务相继推出，按需服务的京东物流时代来临。在这一阶段，京东物流的全新解决方案，为解决国内物流供应链效率低、服务落后带来新的视野。

2021年5月28日，京东物流在港交所上市，多年耕耘已然成荫，

---

● 周春林. 京东物流：唯快不破 [J]. 商界，2020（4）：37-39.

但寻找更多自身价值的步履，却不敢有丝毫迟缓和懈怠。成长曲线总是有涨有落，市场需求将持续处于变动和迭代中。一个只会搬箱子的物流公司，并不具备被受众持续选定的价值。

自建物流，是供应端体系的开端，也是对京东高效履约能力的接续。就像京东在招股书中提及的那样：及时和可靠的物流服务，就是京东成功的关键。而京东物流的地位，也将持续在企业布局中，发挥更多的战略价值。

当下，京东物流向数智化方向迅猛前行，利用网络智能和数字协同能力，不仅能够实行定制服务，还能够优化供应链全环节的效率，极大地减少配送层级和搬运次数。未来，京东旗下的数十万店面和末端服务网点，将具备"变身"前置仓库和零售终端的能力，不仅能够基于社区生活，为中小件商品提供分钟级配送服务，还能够将冰箱等大件货物，且在超50个中心城市、600多个区县，实现3小时极速送达。

不仅如此，京东物流还将与数家头部品牌商合作，建设协同仓用于减少搬运次数。例如，世界知名牛奶品牌欧德堡与京东合作，在北京、广州、武汉、上海四个城市，建设了总面积约3万平方米的协同仓储，有力推动欧德堡成为进口牛奶线上销量头部企业。同样，京东物流与徐福记联手，共同打造了一座"无界工厂"。只需消费者在当日17点前下单，从徐福记"呈味空间"即时制作的食品，就会在当日17:30转交至京东小哥的手中，直接进入快递流转环节。不超过24个小时，消费者就能够收到新鲜制作、包装精美的徐福记手工食品。

第 三 章　　雷 达 图 系 ： 京 东 增 长 表 现

## ⊙ 拓宽领域的优势置换

转型是企业发展的必经之路，京东亦然。

从专营固定品类向综合零售商发展，是京东早期进行转型的关键决策之一。在这个过程中，京东与对手们在行进轨迹上，绘制出了迥然不同的增长路径。

不过，京东作为"挑擂者"，在发展道路上会凭借3C零售的固有优势，在市场竞争中一骑绝尘，也会在转型拓展的路上陷入"迷失"。有争有夺，就会有胜有败。京东深知：有声有色的"迷失"和有声有色的胜利一样重要。

拥有着实体"血脉"的京东，依据"雷达"指向，朝着成为综合领域零售商大步迈进，在图书、家电等一应领域积极尝试。虽然从局部来看，京东陷入"迷失"并未成功；但从整体来看，京东却成功实现了跨界引流。

### 图书零售　向外试错

挑战低毛利图书板块，是京东拓宽零售领域的选择之一，也是京东向全品类转型的途中，首次在战果上直观地"陷入迷失"。

2010年在3C销售领域击败美国新蛋的京东进入"空窗期"，开始思忖着下一个行进方向。此时的京东已经在3C供销市场掌握充分的主动权。其自建物流仓储体系，也追随着线上零售的脚步飞速壮大。另外，新鲜的职业经理人和管培生的加入，也让京东逐渐褪去草创时期的"稚气"。京东需要向新领域进行尝试，进军图书就是其一。

对京东来说，这是新一轮"雷达"的启动运行。但在外部眼里，京东面临着前所未有的风险。

于京东而言，进军图书板块意味着要在全然陌生的领域开辟新局。不仅需要从头学起，还需在销售市场较为饱和的情况下，与原有企业进行竞争。

1999年正式上线的当当网，是中国首批进入互联网浪潮的企业之一。从启动运行之初，当当就一头扎进图书销售领域，逐步构建起中国最大的线上图书零售平台。2010年全国线上图书的市场销售总额不超过60亿元。其中，当当和卓越亚马逊，就已经占据了绝大部分市场份额。留给京东的机会，除了别出心裁的模式创新，就只能和这两大"图书巨头"硬碰硬。

此外，图书市场不同于京东擅长的3C零售领域。

3C产品即使是将盈利率控制在较低范围，仍能够凭借庞大销售批量和不菲的底价，保证收支的基本平衡。此外，电子数码商品天然拥有联动的配系产品圈。也就是说，购置一台电脑的消费者，为了保证产品功能的完好实现，还有极大可能会陆续购入相应具备存储、键入等功能的软、硬件产品。在这个过程中，商家将反复与客户缔结联系，受众黏度提升的同时，商家的销售效益也会随之上升。所以京东在转型线上时，选择从3C接入互联网模式，借助着宽市场、高单价、频换代，以及极强的口碑辐射力，迅速在电商行业抢

第 三 章    雷 达 图 系 ：  京 东 增 长 表 现

占先机，形成规模，并具备培育"吞金兽"京东物流的能力。

但线上图书购买行为，是短暂而干脆的，且与商家的互动联系不够紧密。相较来说，图书的利润范围，就真的是在毫厘之间"寸土必争"。入局图书不仅意味着进入了一个外部可盈利数据减少的行业，还意味着细枝末节的内部结构布局会骤增。如此看来，京东的决定似乎并不明智。

可京东依旧以"雷达"指向为纲，开始"排阵布局"。

第一步，是建立相对完善的产品储备和仓货调配体系。一旦开放图书零售端口，数以万计的消费者涌入网站，如果京东的图书仓储和调配能力匮乏，将直接导致京东的履约能力断层式下跌，还将影响京东数年来建立的品牌口碑。这无异于搬起石头砸自己的脚。

京东拥有多年的3C、家电零售经验，不论是储货还是调配能力都毋庸置疑。然而事实上，京东原有的3C品类仓储模式和收录方式，完全不适用于图书。烦琐精细的纲目分类、数目庞大的货储量，以及完全处于空白的签约供应商队伍，都需要京东团队从头做起。

为此，京东团队耗时近半年，从后台研发、仓储配对、网站信息页搭建，以及库房归档等方面，为图书板块量身定制了一套全新运营系统。

2010年11月1日，京东图书板块20万个品类准时上线。这场一触即发的"书山争夺战"顺势打响。

第二步，京东以惯常的"低价战略"开道，力求再次凭借低价撬开图书受众市场。此外，快速地扩大京东图书的受众面积，再辅以会员自选送书、折上加折、"抄底"折扣售卖等销售策略。很快，原先由亚马逊和当当网"二分天下"的图书市场，被京东"急行军式"的攻势，扯开了一道巨大的"豁口"。

随后，当当网开始反击。盘踞图书电商销售顶端的当当网，不仅在品类上深耕数年，还专注于进行独家图书资源合作。凭借自身体量，当当在图书供应商源头，以绝对的优势压过京东。此外，当当还从京东招牌3C品类着手，同样用低价战略，试图撬动京东销量榜头部的产品地位。

不过，激烈的图书电营销售之争，很快在官方的遏制下匆匆告终。竞争对手投诉、官方频频查询京东是否扰乱市场。在这场短暂的价格战中，京东以败方身份退场。

## 聚合效应　成功引流

短期来看，京东低利润"莽撞"入局图书，最终却落得"败局"收场，似乎是京东之败。不过，从长远发展来看，京东的决策具有积极意义。

作为中国互联网老牌企业，当当网聚集了许多互联网早期用户。在消费市场，图书商品具有一定的消费门槛——有一定经济基础和知识阅历的消费受众。这与京东主营3C领域的头部受众定位，有着异曲同工的重叠之处。因此，与当当的战争越发声势浩大，京东的收获就越丰富。

道理很简单。一方面，京东通过四两拨千斤的方式，将自身上

第三章　雷达图系：京东增长表现

线图书零售的消息，大面积"曝光"在大众市场和当当客流面前，反而成功拓宽了京东零售的受众群，引来了庞大且有用的"流量"。另一方面，京东"挑擂"的目的，并非将当当逼入绝境，而是为全品类布局扩大受众市场，梳理图书类零售业务的导向标。

值得一提的是，京东在拓展图书板块的同时，平台上的百货、服装等品类零售也在同步启动。此时，京东经营的综合性与当当网的专营性形成鲜明对比。这些在"图书之争"中吸引而来的目标受众，循着京东一力开辟的豁口，进入品类全面且配销一体的京东，顺势形成一波消费购物浪潮，悄然地提升了京东的受众面积和容客率。同时，京东的图书板块，也在一番"鏖战"中，闯出了名头。

这样另辟蹊径的引流模式，在京东增长历程中亦十分常见。家电零售便是表现之一。

传统3C板块与大型家电销售之间，有着近似"合并同类项"的共通之处。所以京东稳坐国内电营3C领域榜首之后，自然而然地开始拓展家电板块，进入大型家电市场。

相较于全然陌生的图书领域，京东大家电有着一定的结构基础和经验，但这远远不够，仍需要注入庞大的资金推动项目运转。比如，需要有单独的仓储设施、集中展示页面、大宗货物运输配送体系，以及完善的安装、维修和售后服务。仅仅是商品配送这一个环节，其烦琐和困难程度，就在原有的基础上呈倍数级增长。

于是，2011年京东的大型家电运输配送板块，划入京东物流的仓配一体化建设当中，并以年均8～10个大家电仓的建设频率，向全境40个城市进行大幅拓展。

在大家电行业，苏宁、国美和一众大小电器实体经销商，以三分格局之势形成一张经销网，将家电市场笼罩其中。2005年后的十年，被称为中国连锁零售业的"黄金十年"。这期间，京东在互联网销售的主场优势中，携家电板块入场。

而在当时，大型家电的购物选择方式，在普遍的消费市场中，仍大范围地依赖实体连锁销售，线上购买大型家电的消费模式，对于广大的消费市场来说，仍十分陌生，"不了解、不信任、不知道"是京东线上销售家电模式，追赶实体家电零售连锁店亟待攻克的难题。

很快，转机来临。京东这支"异军突起"的力量，在一定程度上，对苏宁和国美原有的家电企业市场造成冲击。所以，以京东为代表的线上主体型家电企业，和以苏宁、国美为代表的实体主体型家电企业，在激烈的市场竞争中，划分为两方阵营，时常引发"价格纷争"。其中最为典型的是2012年"8·15"价格战。在这场声势浩大的家电价格战中，京东、苏宁和国美等数家企业依次撤出"赛场"。从最终的结果上来看，京东并未赢得低价多销的直观胜利。但是，在这场"价格战"之后，却形成了强大的跨界引流效应，与早先京东进军图书板块的成效如出一辙。

在2012年，家电类电商零售，还沉寂在实体经营的影子下，这导致大众市场的消费者们对线上购买不知道、不敢信，也就不会买。

这一场声势浩大的家电价格战之争，为消费者对线上平台购买大型电器，形成了全新的认知。这一场家电行业头部的竞赛，让大众消费者的目光落在了电商零售的"身上"。一方面，消费者固有的消费定式被打破；另一方面，京东还具备物流和海量、瞬时的信息优势。这不仅打破了家电市场"层层加价"的固定销售模式，也消除了地域间的销售壁垒。最终通过引流作用，京东成功开辟出电商家电零售领域需求市场。

自此，京东在家电市场的壁垒被打通，困局的突破口被成功找到，成功的家电领域引流作用，将京东的家电销售通路打开，并逐渐成为京东电商零售的主营板块之一。

## ⊙ 决策被动导致落后

京东向外寻求增长极的尝试，正如站在平衡木上艰难行走。毫厘之间的分寸，都会无限放大风险因子。然而在逆流中行进，似乎是京东已经习惯的成长方式。

连续亏损14年的物流，在日夜不休的辛勤耕耘中，逐渐架构起追赶京东的高准入门槛；对图书和家电领域的"进军"，不仅拓展了京东的业务范围，还开辟了客流大量涌入的通道，为京东在电商行业的发展夯实基础。

决策果断、分工明确的风格，是京东身上十分鲜明的特质。不惜重金、力排众议地搭建仓储物流，就是重要表现。然而这样的运行模式，对于企业来说，却也存在一个危险的弊端：企业决策依赖度和集中度过高，导致决策的及时性和容错率降低，容易陷入决策"图圄"。

正如一个硬币的两面：得益于高层的宽阔视野和敏锐嗅觉，京东发展战略布局清晰、增长节奏迅速。在此过程中，高层决策的权威也随之一再抬升。京东愈发依赖掌舵人的前瞻判断。作为京东创始人，刘强东曾直言道："京东的战略，是我一个人的事。"张扬刺耳又切中要害。

在这样的趋势下，一旦决策出现遗漏和偏离，整个企业的行进速度都将放缓，甚至可能在抢占市场先机的情况下，却因决策被动落于人后。京东开辟下沉市场和生鲜市场正是典型体现。

## 京喜：起大早，赶晚集

京东根植于电子商务，并以此为主干开辟出诸多新领域。然而遍及华夏大地的成千上万个市镇乡村，仍是零售电商未曾涉及的区域。这样一片让零售电商企业头疼的领域，被称为下沉市场。更确切地说，是指三、四线及其以下的市场用户，其中的消费主力为"小镇青年"。

这样一群被忽视的群体，共同构筑了一片巨大的商业蓝海。一份出自QuestMobile的《中国移动互联网2018年度大报告》指出，下沉市场的消费规模高达2.56亿人，线上消费潜力极大。其中还有一个典型群体，他们的综合特征是：月均收入低于5000元，但实际年度可支配收入可达4万～5万元，并无车贷、房贷压力。京东称之

第 三 章　雷 达 图 系：京 东 增 长 表 现

为"隐形新中产"。

下沉市场极具商业潜力，甚至可能催生出现象级的零售企业。但是多年来，电商企业都不敢轻易触碰这块诱人的蛋糕，因为开辟下沉市场实在步履维艰。

然而，京东在下沉市场的竞争对手拼多多，精准地抓住了这个机会，在阵营分明的电商格局中，成为一匹横空出世的"黑马"，使苦于攻克下沉市场的众人猝不及防，尤其是京东。

事实上，京东早在2014年就已经开始开辟下沉市场。当时，京东基于社交电商的概念，在京东商城发布裂变红包、砍价等多种玩法。2015年，京东还曾短暂地开启过拼购业务。2018年，京东不仅正式上线了拼购业务，还成立了两个社交电商、平台运营业务，用于探索社交电商新模式，进行线上场景和渠道的精细运营。

然而，购买意向繁杂、消费需求多元，导致下沉市场难以掀起广泛的消费浪潮。没有精准踩中群体消费"沸点"，结构布局也有待完善的京东，显然距离打通零售渠道，叩响下沉市场的大门，还有一定距离。

但这距离，也仅仅一步之遥。

此时京东的下沉市场策略，已经逐步能够看见"人际资源叠加裂变＋低价百货"模式的雏形。这其实就是拼多多弯道超车，成功攻克下沉市场的关键策略。然而，依托于高度集中决策模式的京东，并没有在合适的时机添加砝码。

拼购项目前期并不理想的盈利和客流量，导致下沉市场的"拓荒"计划就此终止。原先的拼购项目，被纳入网上京东商城内的特色板块之一，隐没在了京东众多优势板块之下。这意味着京东早期对下沉市场的尝试，就此告一段落。

## 转折源于 2018 年

在外部舆论和内部结构双重危机下，京东落入"至暗时刻"。为加快企业恢复，京东展开了有史以来最深刻的组织结构变革。其中，京东新成立了多个不同职责的事业部，将原有的拼购业务和生鲜事业部，并入旗下品牌七鲜（7Fresh）当中，共同划入京东"前台"布局中。❶

黑马突至，拼多多凭借"裂变+娱乐+低价"的衍生零售模式，顺利打开下沉市场，并一举"惊醒"一众老牌电商。这时，京东才发现，在打开下沉市场的路上，持续的耐心或许比迅速增加市场占有率更加重要。开辟下沉市场，京东即便抢占了先机，却变成了"后进生"。

京东的增长法则中，落后一步几乎是常态，但最终逆风翻盘也是常态。

直到2019年，京东已经陆续推出"拼购""京东拼购日""厂直优品"等项目，试图冲破下沉市场的壁垒，进行有针对性的局部攻克。同年9月，京东拼购从内部拆分，"晋升"为京喜，并拥有专门

---

❶ 宋洋 sy. 京东的攻与防：反思、变革与2715亿战绩 [EB/OL].（2020-11-20）.

的 APP。此外，京东的合作伙伴腾讯为京东开通了微信一级入口，再度扩大了触达用户的面积。

在 2020 年"6·18"期间，京喜联动商家推出 C2M 反向定制活动，成功打造 10 万单爆款。此外，京喜凭借数据优化算法，精准洞察消费需求并及时向厂商反馈，有效提高产品库存周转率和性价比。同年底，以地区中小型企业主为中心的"京喜事业群"正式成立；面向社区团购项目的"京喜拼拼"，与具备便利店业务能力的"京喜通"合并。为了加强下沉市场供应链，京东进行的一系列战略投资和业务合作也一并启动。

一年后，京喜事业群与京东零售，并入新的业务项目中。在同年相应的企业财报中，该新项目一季度营收就高达 51.5 亿元。

当前，京喜已经架设起完善的布局框架，旗下的社团拼购类业务也已成功入驻全国 17 个省份。在国内电商领域，拼多多、淘宝特价版和京喜，被形象地称为"下沉三子"。这彰示着三家电商企业在该领域强大的市场影响力。

在新冠肺炎疫情防控期间，京喜依靠京东强大的供应链体系主动作为。京喜主推的"厂货"战略，在此时爆发出强大聚合力，吸引超过四万家中小企业缔结合作。同时，京喜积极促成被波及的外贸工厂，将滞销产品放在京东平台上进行销售，不仅帮助厂商们挽回损失，还助推京东在相对欠缺的非 3C 领域以及三线以下城市的销售量上取得了优异成绩。

**京 东 增 长 法**

## 七鲜：保守行动，丧失先机

生鲜市场坎坷成长的"七鲜"，同样是京东发展板块中的"后进生"。如果说京喜是京东对下沉市场的全新尝试，那么七鲜就是京东打破数字壁垒，真正打通线上线下"无界销售"的开端。

七鲜生鲜超市是京东在线下打造的实体终端，具备着多品类、宽品种、个性化的商品推荐和选购服务，是一个满足不同购物需求的连锁品牌。与七鲜进行品类对标的产品，是阿里巴巴旗下的盒马鲜生。有意思的是，七鲜和盒马鲜生，创始者都是同一人，这个人叫作侯毅。

侯毅早先在京东供职时，就有意开辟生鲜市场，致力于寻找打破线上线下壁垒的新方式。然而，由于京东高层最初对生鲜领域的开拓抱保守态度，要求该项目必须遵循"先试点，再跑通"原则，先在两家"七鲜"试营业的门店当中测试市场潜力和可行性，才能完全推行。由于缺乏形成规模的效益支持，自然达不到理想中的盈利状态，当时尚在酝酿中的生鲜市场开拓计划，就此被紧急叫停。

不过，京东认为缺乏可行性的生鲜市场项目，却是阿里巴巴想要全力推进的领域。

于是，侯毅带着方案，投入阿里巴巴麾下。很快盒马鲜生在阿里巴巴数十亿元的投入下，成功在全国11个城市落地。几十家实体生鲜店渐次开张，在市场上获得强烈反响。自此，阿里巴巴旗下的盒马鲜生，在电营终端生鲜领域开始崭露头角。

第三章　雷达图系：京东增长表现

因为顶层决策保守，导致京东再次成为"后进生"。这时，京东开始反思自身是否因此错失良机。

2017年，京东管理层的公开讲话中表示："未来3～5年内，七鲜将在全国开设逾千家实体门店。"明确将生鲜等成长性业务并入京东三条生长曲线当中，将其提升至战略高度。

当下，七鲜通过OFC（强管理加盟）模式，也就是业内所称的"店铺经营顾问"模式，将店内品类规划、供应链服务、APP运营方式和全渠道宣传推广等优势，共享给合作品牌，帮助其提升运营能力。

对消费者而言，七鲜通过大数据分析，将消费者的购买行为、频率和习惯等进行精细化管理，着重对不同需求的消费者推送精准服务。

2019年底，首家社区生鲜店"七鲜生活"在北京正式开业。以社区场景切入生鲜，具有非常显著的优势。根据艾媒咨询发布的数据，2019年，中国生鲜市场交易规模高达2.04万亿元，相较往年同时期增长6.8%。其中，社区生鲜门店先天占有距离近、收获快的便捷优势，揽获中国近三分之一的生鲜市场消费群体。

但是，七鲜的压力不容小觑。一方面，盒马菜市、谊品生鲜已经积累了广泛的消费群；另一方面，钱大妈等"家门口的菜市"通过加盟模式，迅速复制，快速占领市场。姗姗来迟的七鲜却在2021年再次陷入沉寂。

直至2021年12月底，七鲜新战略出炉——京津冀之外，大湾区将作为第二核心区域被重点挖掘。随之而来的是开店计划：2021年底总数达到47家七鲜超市，2022年底计划超过70家（80%以上都在京津冀和大湾区）。❶

未来，七鲜是否还具备逆风翻盘的能力，有待时间给出答案。

# 第三节
# 频段递进："京东阵线联盟"

## ⊙ 与用户建立新型关系

就内部角度而言，京东增长表现的一大特质，就是逐渐扩充的阵线联盟。这一阵线联盟包含三大范畴：用户、员工、头部企业。若聚焦至与用户紧密相连的商品交换领域，这一联盟便天然地划分为两个阵营：商家和用户。

一直以来，因利益挂钩的商品交易活动，似乎将这一对阵营放置到了天平的两端。这使得数年来两者关系间有着更多细枝末节和生硬的"隔阂"。

---

❶ 董洁. 京东7FRESH总裁郑锋：2022年底目标开店超70家，8成以上在京津冀和大湾区 [EB/OL]. （2021-12-23）. https://page.om.qq.com/page/OLxqH3KU 0GGjjVdA7fJjqK-A0.

随着商品经济的运作体系逐渐成熟、规范，商家和用户之间的新型关系被逐渐发掘。冲破对立壁垒寻求友好合作，越来越频繁地成为企业基业长青的要素之一。

在这样的新型关系开辟上，京东是一个典型。

创业初期，京东就在中关村率先引入了售后服务和技术支持服务。京东选择站在消费者的"大后方"，并主动将传统的商家盈利模式，从利润导向型转变为消费者需求导向型。

多年正品行货、低价行销、周密服务，使得京东的客户群感受到优质客商关系带来的优越体验。很快，多年的量变开始向质变转化。京东与消费者的关系，开始超越买卖的范畴。因热爱3C而聚集的"发烧友"，与京东一起组建起"阵线联盟"的雏形，并在多年陪伴中，逐步成为京东内部运行的增长力量。

从京东二十余年的增长路径来看，考拉看看头部企业研究中心将京东联盟的商家和用户体系，区分为两个不同的渐进阶段。

## 第一阶段：置换"甲乙"关系

创业初期，京东便主动作为，积极发展售后服务，致力打破虚假销售的桎梏。通过置换消费者在商品和价格方面的被动地位，京东站在消费者需求后方，以客户体验服务为导向，围绕提供优质服务，进行针对性的优化和提升。

早期零售市场，商家与用户之间的信息流动并不对等。消费者需要被动接受商家给出的交易信息，选购和比价的范围都极为有限，因此消费市场极易出现虚假售卖等情况。在当时的零售环节中，零售商才是真正意义上的甲方，而只能被动接受的消费者沦为了乙方。

这一阶段的京东，致力于破除商家和用户之间信息不对等的现状，将拥有多数主动权的"甲方"让位给消费者。作为商家的京东则充分践行服务者职责，切实满足消费者需求。

零售的核心，不仅是产品与消费者之间简单的相互触达，更是消费者在购买行为中感受到的便捷和愉悦。在做服务这一点上，京东深谙其道。

在互联网电商最初起步时，实体零售已经十分成熟。相较于模式、规则、体系都已完善的实体零售来说，线上零售显得有些粗陋和滞后。

京东刚转型线上时，简陋的商品页面就是一个典型。消费者浏览商品页这一环节，是线上销售行为的开端，将直接影响销售行为的发生。然而在京东不同的商品页面里，硕大的名称后面，只跟着一段枯燥的形容文字。消费者难以感知商品外观、性能和特色，购买欲望无法被有效调动，相应的购买行为也会随之减少。所以京东要做的第一步，是改善用户的商品详情体验。

针对数以万计的商品详情页，京东开始广泛征集意见，力求最大限度提升购物体验。最终，经过优化的购物页面焕然一新，商品展示图整体和局部细节丰富，商品官方参数详情全面。消费者只需浏览商品详情页，即可了解关于商品的一应信息。

坚持商家和用户之间的信息对等，恪守"明码标价"的同时，

第 三 章 雷 达 图 系 ： 京 东 增 长 表 现

京东"以客户为纲"的售后系统，也在紧锣密鼓地建设。

京东的售后规章制度里，有一项异常显眼的原则——先于国家政策，优于行业标准。在国家工商总局颁布《网络交易管理办法》细则之前，京东就已经率先实施"七天无理由退货"标准，并真正在平台落地实行此标准。●在国家相关监管政策出来后，京东的售后力度再度向上调高一个层级，在官方提出"七（天）退十五（天）换"的基础上，实现自营平台三十天保价、无理由退货，以及一百八十天包换服务。

2014年"让客户惊喜"成为京东售后的新口号。在企业的实际运行中，这一行为理念和宗旨，逐渐演化成为"超预期让客户惊喜"。为此，京东创新性地提出"上门换新""售后到家""闪电退款"等业务，展现了京东强大的售后能力，以及对自身产品和服务的自信。

此外，由于京东是主营零售业务的互联网企业。这就意味着，京东用户链条是否能够及时反馈，将直接影响京东的服务质量和履约能力，这也是京东早期团队始终致力优化精进的地方。

早期层层清晰的权责岗位，也为迅速、及时处理售后问题开辟通路。例如提升网站页面的载入速度，提高下单流程的便捷度、销售仓储的衔接度，以及服务和售后标准的划定和实施，都一应俱全

---

● 中国质量新闻网. 京东售后服务不断刷新"全流程购物体验"[EB/OL].（2016-04-15）. https://www.cqn.com.cn/zgzlwlx/content/2016-04/15/content_3223328.htm.

地包含其中，逐步成为京东客户主动选择京东阵线联盟的"路引"。

## 第二阶段：商家与用户共生共长

在第二个阶段中，京东与用户的关系由单向服务朝共生共长方向发展。京东围绕消费者优化服务和售后，消费者则从用户角度，帮助京东"查漏补缺"。二者合力助推京东持续增长。

京东在草创期间，曾发起过一场用户体验活动。京东发布邀请，召集20名京东核心忠实用户，特许进入京东本部大楼。由京东创始人刘强东带队，参观京东的系统操作流程、局部物流仓储等项目设施。

参观后，刘强东在大巴上给京东"铁杆"用户聊起京东发展经历。从购买服务器聊到网站首页改版；从如何提升网站访问速度、运行效率，聊到改善用户体验当中的缺漏和不足。并在过程中邀请在座的用户，分享在京东的消费体验，对用户在使用过程中发现的问题予以解答。

当时，有位京东用户指出，京东的架构存在部分问题。这一问题的解决方式也并不繁复，无须京东耗费高昂的资金成本，如京东有需要自己可以提供帮助。活动结束后，刘强东立即对该问题进行检查，及时与这位用户取得联系，最终成功将问题解决。

这只是京东从满足服务向提升服务转变的写照之一，更是京东与用户共同成长的表现之一。一直以来，京东致力于打造无缝、完整的服务链条，最大限度为用户优化服务体验。

第 三 章 　 雷 达 图 系 ： 京 东 增 长 表 现

以京东的产品货物派送为例。从消费者角度来看，当货物经过打包、配送、派件送抵用户家中，经用户验收和签字确认后，整个购物行为就已经完成。

但对于京东而言，还有很长的一系列流程要走。当订单被签收后，京东还需对整个交易环节进行汇总，评定详细的数字准确率，检验是否在某些环节出现问题。用户的反馈成为全环节测算的重心，影响整个阶段的流程和节点。

同理，用户对于京东服务的口碑和信赖，极大地推动了京东项目建设的完成。京东遍及全国超150个城市快件揽收业务，就是向消费者开放物流供应链优势的例子。消费者能够在全国超5000家网点超市和便利店内，选择京东的揽件服务。像上海虹桥机场、北京大兴国际机场等特殊场景下，也能使用京东的揽件服务。

2019年，京东推出语音智能客服服务，基于人工智能NeuHub平台设计打造的智能客服，能够精准感知用户情绪和情感，进行最佳反馈。截至同年年底，京东智能客服化管理，已经形成了涵盖"智能情感客服""智能调度天枢""AI导购助手"等矩阵体系。❶

坚持商家与用户间的共生共长，京东也在逐渐加快服务建设脚步，并受到消费者更加广泛的认可。

在2019年第三季度快递服务满意度调查中，80分以上的快递公

---

❶ 新华网客户端. 从客户体验到能力沉淀——京东服务在2019蝶变 [EB/OL].
（2019-12-30）. https://baijiahao.baidu.com/s?id=1654307363377059360&wfr=
spider&for=pc.

司只有两家，京东物流就是其一。而在国家邮政局近年公布的快递企业满意度排名中，2018年至2019年第三季度，京东物流已经连续在七个季度中处于领跑地位。

自创立以来，京东便选择了一条与消费者结成联盟的发展道路。在建立优质的客商关系这一方面，京东走在行业的前端。而这也成为京东日后持续迅猛增长的动力引擎之一，助推京东绘制更宏大的企业蓝图。

## ⊙ 员工队伍：齿轮咬合

京东起于草莽，是带着"江湖义气"风格的企业。从创业初期零星几个员工的聚合力下启动运转，京东逐渐成为我国首屈一指的互联网零售商。在京东的成长路径中，京东人发挥着尤其重要的作用。

一直以来，京东倡导人性化的管理方式。这与其他互联网企业有所不同。比如，阿里巴巴中供铁军，这一支以销售打天下的队伍，具有非常显著的军事化管理特征。而京东认为，企业与军队的管理方式是完全不同的两个诉求。企业应当在精神上注重关怀和培训，同时重视员工的物质需求。归根结底，就是保障员工的福利，让员工无后顾之忧。

京东在构筑企业与员工关系方面，崇尚齐头并进式的"齿轮咬合"理念。所谓齿轮咬合，即企业代表的"大齿轮"与众多员工代表的"小齿轮"，都是引擎系统当中不可或缺的要件。二者之间唯有默契咬合，才能够共同推动京东向前发展。

与员工队伍之间的"齿轮咬合"关系，是京东发展"联盟"的重要基础。在整体运转的不同范围里，发挥着截然不同的推动作用。

## 企业齿轮：由表及里的京东情怀

分析"齿轮咬合"逻辑，首先要从京东的企业人才理念入手。京东曾明确表示，企业与员工之间的关系，不该局限于传统的单向雇佣，二者之间的关系应该是相互成就。京东希望缔造舞台帮助员工自身成长，从技能上的安身立命、眼界上的突破自我、格局上的自我价值实现等多个方面，使员工需求得到满足。

创业初期，企业大多通过打造浓厚的情感连接，带动员工艰苦奋斗。刘强东早年就提到，自己在初创时期紧抓的两大核心要素，就包括关注员工。在京东的逻辑里，领导当员工是兄弟，员工自然会拿领导当兄弟。

2008年加入京东的王笑松，一路"施展拳脚"打造了"跑步鸡"等明星项目。他回忆，自己曾经在与某个小家电厂商合作时，真正感受到了京东企业里如兄弟般相守相信的情义。当时，厂商要求预付款500万元，但若付款后对方不按期给货，京东就会有损失。

王笑松拿不定主意，便拿着待签字的付款申请单找刘强东，并解释金额较大，自己不敢做主。刘强东直接告诉他，你签字，财务给钱，不用问我。那一瞬间，王笑松只觉得老板真的拿他当自己人，就跟兄弟一样。

京东生鲜业务部副总裁唐诣深，同样是一个典型例子。多年的京东工作经历，让唐诣深认识到企业与人之间相互创造价值的真谛。

2008年入职京东前，唐诣深在其他公司做采购。每天近12个小时的工作任务，月收入固定。公司没有培训和任何意义上的激励，工作环境死气沉沉。这都曾使唐诣深一度怀疑自己努力工作的价值。直到入职京东，唐诣深深切感到自己来对了。

紧实有序的工作节奏、充满激情的工作氛围和相互扶助的同事关系，让唐诣深像是驶入了一条湍急向前的河流，多年的工作经历都在向下一个事业高峰乘风破浪。2015年，唐诣深曾说：从22岁到年近30，自己这一生最好的青春都在京东。多年兢兢业业地工作，自己对得起京东；而京东无论从工作回报、环境和员工成就上，也都对得起自己。

物流人才队伍亦是一个典型的切面。

京东物流的员工数量巨大。截至2021年6月，京东物流一线员工人数达到26万人。一般来说，物流配送员的工资不高，大多数只有两三千元。但是在京东，配送员的待遇高出市场水平很多。以成都为例，每月收入4000～6000元。同时，京东还提供宿舍以及鞋帽、手套、工作服等。

一线配送员大多来自农村，家庭条件非常一般。他们通常只能考虑当前的事，而无法顾及以后。通常，快递行业许多公司责任外移，不会为员工购买五险一金，更别提足额、全额的五险一金。2009年，京东决定全员全额、足额缴纳五险一金。如果按照10万人

第 三 章 雷 达 图 系 ： 京 东 增 长 表 现

计算，京东需要缴纳超过25亿元的社保基金。

值得一提的是，物流本质是服务业，物流员工是直接接触京东用户的群体之一。保障员工福利待遇，就是保障京东的用户体验。

2021年上半年，26万名京东物流的一线员工，平均所得月工资金额超过1.1万元。物流员工的工作保障中，包含了意外伤害商业保险在内的六险一金。这一待遇直接与其他物流快递行业的员工拉开差距。《2021年6·18快递服务质量大数据报告》显示，中国有超过50%的快递员月收入不超过5000元。月收入超过1万元的，仅占1.3%。可想而知，京东快递员工待遇在行业里是排名数一数二的水平。

正因如此，京东员工的流失率极低。有很多人在京东一待就是许多年。2010年，"80后"罗虎翼在苏州一家小楼里面试，自此开启了在京东工作的岁月。而他没想到，这一待就是10年。

更多员工也是如此。曾有用户这样描述京东快递员工：干最苦最累的活，但是从不抱怨。每次都是"您好！京东快递！"京东让物流成为一份体面的工作。稳定的保障和福利，让员工对从事的工作有极高的价值认同感。投资人徐新常到京东购买商品，闲时会和配送员聊天。她发现，大家非常珍惜京东的工作。

这不仅源于京东的品牌力量，更源于京东为员工提供的福利待遇。2010年，京东启用"爱心救助基金"福利项目，专门针对员工及其直系亲属的资金应急，助力员工共渡难关；2012年京东设立价值4.5亿元的专项基金，用于推动"安居计划"，为员工提供免费宿舍和买房免息贷款；2014年，"我在京东过大年"项目上线，在完成年节期间的服务工作后，年节加班的京东员工还能收到来自公司的团聚补贴；2015年京东开始着力建设舒适优质的工作环境，截至2021年10月，京东遍及全国的职场建筑面积已近230万平方米。

企业和员工的关系正如咬合的齿轮。创造价值的企业才会受到人们的尊敬。同样，员工也要为企业创造价值，才能在职位上发挥自身的价值。

## 员工齿轮：自内而外的京东风貌

相互成就是京东企业与员工队伍的恒一主题。在企业齿轮助力员工跨越高峰，实现人生价值的同时，"京东员工"这一个标识鲜明的群体，也使得京东的形象变得更加真实可感。

从行业格局来看，京东是互联网零售电商的头部企业，当之无愧的新型实体经济。在2020年经济形势普遍下行的时期，京东不仅成功实现企业的逆势增长，还为疫情防控工作做出卓越贡献。在多年的发展历程中，京东将迅捷、优质、高效的服务做到了行业前列。

从宏观层面而言，京东是一个优质且强大的互联网零售企业。但从微观层面来看，京东似乎难以被受众清晰量化和感知。此时，京东的员工齿轮就开始发挥作用。从个体到群像的个性品质和行为风格，都能够从不同方面看到京东的企业内部风貌。

第 三 章 雷 达 图 系 ： 京 东 增 长 表 现

节奏明快、行动执行迅速是京东员工的普遍风格。在这其中，企业不同层级间的平等沟通、顺畅交流是京东企业内部独到的风貌之一。

原京东物流CEO余睿，是个行事风格从不拖泥带水的人。他曾是京东第二届管培生，也是京东管培生中"神一样的存在"。余睿的身上，就带着鲜明的京东气质。

2009年，京东上海分拣中心出现问题，余睿临危受命，奔赴上海。在这里，余睿坚持每顿饭和员工一起吃，创造与大家沟通的机会。同时，对待员工一视同仁，不因学历高低而差别对待。最终，余睿用一两个月时间理顺团队问题，将分拣中心管理得井然有序。

京东具备一套自成体系的管理法。其中，对员工的培养尤为重视。而当员工将京东教授的内容充分贯通并加以创新，重新开辟京东发展新方式时，员工齿轮的主动效能开始发挥作用。

马成功是推动京东培训规范化的典型代表人物。他加入京东后，通过研究面向卖家的淘宝大学，思考出一条适宜京东的发展路径，在2014年推动成立了京东大学。

企业大学由企业出资成立，聘请一流商学院教授或企业高管，通过实战演练、案例研讨等方式为企业培养人才。如今，世界五百强企业大多数都创建了自己的企业大学。

马成功将培训分为两大板块：其一，传统培训板块，针对不同的管理层，培训领导力等内容；其二，学习平台板块，成立京东TALK。让员工学习TED演讲的方式，讲述自己的工作经验，进行交流沟通。

以京东TALK为例，公司鼓励员工拍下平时工作中的技术诀窍，借助京东TV平台进行播放。一个典型的场景是，配送员用手机拍摄了两段配送视频。一段错误配送视频显示，配送员因追求效率，迅速停车后，便赶忙送货。结果下楼时，车里的货物早已不翼而飞。另一段正确配送视频显示，配送员选好停车位置，与门卫沟通好并锁好车门后，再上楼送货，回来时，车里的货物完好无损。

新配送员看到视频，便能快速明白如何配送。这种以视频方式渗透的培训，不仅为公司节约了额外的培训时间、培训费用，还能让新员工迅速了解工作技巧。

在逐步发展过程中，京东大学形成了内部培养和外部专家相结合的模式，以帮助企业更好地培养人才。在京东，每一个员工都有一份档案。什么时候该做什么样的培训，培训的结果如何考核等，都有清晰的规定。

不论是和谐平等的交流模式，还是持续焕发的内部学习精神，在京东员工齿轮的持续推动下，都将其企业风貌以个体形式展现得淋漓尽致。

向外而言，京东在市场上的显著标签是"及时、迅捷"。这样的特质，不仅能在京东企业的发展脉络上得见，还能够在京东员工的日常生活中得见。

2017年，电商"双11"购物节，一个名为"还没起，京东小哥已到"的话题登上社交热搜榜。名声响亮的"双11"购物节是电商

第三章 雷达图系：京东增长表现

整年销售的峰顶之一，庞大的订单量和货运量，使得"双11"期间，各大平台的商品派送速度较往常直线下降。然而，"京东小哥"热搜榜中的网友好评如潮的物流反馈，真正呈现了京东物流的能力。网友感叹"京东工作人员这是一晚上没睡觉的节奏！""好快！对京东的好感噌噌噌往上升！"[1]"京东小哥"们站好的最后一班岗，使超快的京东速度变得真实生动。

不仅如此，"京东小哥"背后所蕴含的企业温情，也能让消费者感受到来自京东的企业力量。

同样是2017年"双11"期间，网友正纷纷为京东速度叫好的时候，一则评论却讲述了"京东小哥"传达的信念与坚持。这则评论写道：京东快递送货上门时，发现在逐个核对快递的京东小哥，右臂有着发育不全的残疾，显得整个手臂有些蜷缩，手指也无法像常人一样舒展。可这样的"不方便"却丝毫不影响京东小哥的工作效率，高涨的工作热情和利落的熟练度，让人看到了京东态度和企业情怀。

于细枝末节处窥见企业的"真性情"。这是企业与员工大、小齿轮间相互作用产生的结果和优势。总体而言，京东与员工之间，有着从"同困苦，共患难"的情谊衍生而来的企业文化。这一文化具备着极强的凝聚性。

早先凭借一支强悍异常的员工队伍，在业内闯出名气的京东，

---

❶ 掌链. 还没起，京东小哥已到！京东速度是这样做到的[EB/OL].（2017-11-11）. https://www.sohu.com/a/203740538_454338.

也给逐渐庞大的京东"齿轮"队伍带来了更多可能性和包容度。这些走街串巷的"京东小哥"们身上奋勇拼搏、坚持正道的性格，也是京东最终呈现在外部的企业风格。

# ⊙ 企业间优势聚合："京腾计划"

除了与消费者和员工之间的紧密联动外，京东的阵线联盟中还拥有一支独特的友军队伍。如果说与前两者之间建立统一阵线，是京东发展的本职，那么寻求建立友军联盟，就是主动向头部企业双向赋能、相互学习的巨大跨越。

作为国内最大的互联网综合服务商，腾讯公司在互联网行业内的影响力广，涉足领域宽，在日常社交领域的优势尤为突出。但腾讯在电商领域涉足范围却并不深，为完善企业自身的全方位布局，腾讯选择与国内最大的自营式电商京东合作。

基于京东与腾讯的友军联盟，双方合作的典型成果"京腾计划"出炉。

## 电商巨头的对垒

2014年除夕，京东将赴美IPO的消息，一经披露瞬间成为网上的热议话题，点燃京东即将上市的热血征途。

自2004年转战线上之后，京东在互联网电商行业中，不仅一路过关斩将，逐步布局3C、家电、图书、时装等多元零售版图，还搭建起强大的仓储配送一体的物流体系，与"四通一达"相互竞争，独创了一套京东的线上线下"主副照映"的宏大版图。这样劲急势猛的京东，上市钟响似乎已成必然。

果然，同年5月25日，在美国纳斯达克，京东以"JD"为股票代码正式挂牌上市。按照发行价计算，京东的IPO市值高达260亿美元。这样的数额在中国上市互联网公司当中只有三家——腾讯、百度和京东。

令人惊艳的数字信息，昭示着京东将作为一股"自成一派"的力量，重新改写原先"BAT"三方鼎立的中国互联网格局。此外，京东作为目前国内最大的B2C平台，也势必给零售行业带来一番崭新气象。

同样，伴随着上市钟声响起，中国电子商务的"黄金时代"已然来临。

此前，京东像是深潜海洋的鲸，在广阔无垠的深海中，依靠"雷达图"式的区域性竞争，大刀阔斧地对企业布局进行优化。早先敏锐随性的生长环境，造就了京东极具个性风格的成长方式。然而，企业顺利上市，京东的发展跨入全新阶段。这只"深海巨鲸"跃出海面，掀起的巨大水花，使整个互联网行业头部企业间的竞争格局增加了更多可能。作为乱局黑马的京东，也不得不步入局中，在自身的增长线上，寻觅下一个"阵线联盟"。

当时，互联网界将京东称为"关键的少数派"。

因为此前势头最为迅猛的互联网"双巨头"腾讯和阿里巴巴的

移动端争夺赛"战况"正酣。京东作为国内最大的自营电商，带着巨大的经济增长势能，却尚未明确地表明阵线，直到"京腾计划"正式发布。在2014年京东上市前的招股书中，腾讯的股权占比为15%。腾讯把旗下电商品牌QQ网购和拍拍网划归到京东旗下，借此宣布其与京东之间的合作正式达成。一年后，"京腾计划"如期上线。自此开启了"腾讯＋京东"对垒"阿里巴巴＋苏宁"的移动终端的电商之争。

## 1.0到3.0的进阶

与早期京东致力于"价格战"的跑马圈地不同，京东与腾讯的合作，更像是一场冲破固有现状的格局重塑。在这样的竞技中，需要对企业未来的纵深进行布局。因此，"京腾计划"制定了"三步走"战略，依次完成从创新"品商"模式，到深度数据融合的"品效"效应，最终彻底打破营销边界。

"京腾计划"1.0的核心，是打造"品商"模式，进行京东、腾讯双方的优势互补，达到两者相加大于二的效果。简单来说，就是京东将其电商资源引入腾讯的移动端，后者则向前者开放充沛的终端客流，根据品牌方提出的精准受众画像，进行深度的市场细分，打造多维场景，从品质和需求两个角度进行针对性营销。

2015年10月17日，"京腾计划"1.0正式落地，以京东微店、微信、QQ端相衔接的一级入口为起点，打造商品营销"曝光"、电商

第 三 章 雷 达 图 系 ： 京 东 增 长 表 现

选购平台和便捷式支付方式，"三点一线"的完整购物闭环。❶

在2016年的京东数字营销峰会上，"京腾计划"1.0的成果首秀盛大开幕。秀场上知名化妆品牌SK-Ⅱ的成功案例，诠释了"京腾计划"的独到优势。

在商品宣传定向投放前期，根据SK-Ⅱ品牌方给出的目标受众画像，京东、腾讯按照品牌方给出的衡量维度，在海量的消费人群中，成功定位和筛选出符合品牌设想的精准受众。在此基础上，通过"京腾计划"所开辟的通道，将用户日常场景和电商交易平台进行精准对接，"定点定向"式地投放个性化的营销信息。

当目标受众接收到商品信息，点击宣传条幅，就会通过京东商城和SK-Ⅱ品牌方官微的预留通道，进入一站式购物界面，进行便捷购物。通过这一方式，京东可有效引导目标受众完成整个购物闭环。最终的客流转化率，直接体现在SK-Ⅱ迅猛增长的销售数据上。仅活动当天，SK-Ⅱ的新增粉丝数就达到了过去两个月平均涨粉数额的2倍，单日销售额更是飙升至原有日均量的近6倍。❷

在这场峰会上，"京腾计划"2.0顺势出炉。双方提出将推进京东、腾讯的场景衔接提升到新阶段，通过创效合一的产品化打造，更加精准地发掘用户需求，力求深度洞察和触达。并且，通过"相

---

❶ 闫跃龙. 京腾计划进入3.0时代，"腾讯＋京东"要打造的未来营销是什么样？[EB/OL].（2018-04-23）. https://mp.weixin.qq.com/s/dapd9IyLdMHdoVummj1q0w.

❷ 汉丰网. "京腾计划"成果首秀[EB/OL].（2016-05-27）. https://www.sohu.com/a/77690616_252634.

似值"原则，发掘潜在的受众市场。

另外，京腾计划2.0中，额外纳入了营销效益监测机制，使得品牌方能够对广告投放效率进行精准把控，更具针对性地实时观察、调整营销策略。如果说京腾计划1.0是成功完成了对京东和腾讯优势连接的可行性尝试，那么京腾计划2.0则是回归本质，注重品牌曝光度和客商营收效果转化。

在这一阶段，作为重要战略项目，业界首创品效合一的立体营销方案"京腾魔方"，以及布局全网营销平台的"京准通"，依次在该计划中亮相。这两大项目的聚合优势，将在助力"京腾联合"成为品牌商"最具品质的一站式营销服务伙伴"转型方面发挥重要作用。

2018年，京腾计划3.0时代来临。这时，京东、腾讯的目光放在了未来营销模式的摸索中，"打破营销壁垒，真正实现以客户为中心"成为主题。

在京腾计划3.0圆桌会议上，周大福电商常务副总经理陈宇航曾做过一番独到的陈述。他提到市面上接触的广告大抵分为两种：流量型和记忆型广告。前者重在砸钱换规模，后者则强调广告效果。最佳状态的呈现是用户能记住产品，而这两者之间，有一个接替演进的过程。部分流量型广告在频繁的印象叠加下，会逐渐变成记忆型广告，达成品效合一的结果。❶

---

❶ 闫跃龙. 京腾计划进入3.0时代，"腾讯＋京东"要打造的未来营销是什么样？[EB/OL].（2018-04-23）. https://mp.weixin.qq.com/s/dapd9IyLdMHdoVummj1q0w.

第 三 章　　雷 达 图 系 ：  京 东 增 长 表 现

记忆型广告不仅能让营销宣传更加高效具象，还能够反向促进企业内部结构的优化升级。此时的销售行为，不再局限于某个销售方案，以及固定的品牌宣传策略，而是一个全景式的智能沟通方案。其中，不仅能与用户在销售端形成积极沟通、互动，还能够实现对这一群体的全场景覆盖，从而进行目标用户的生命周期管理。

相关数据披露，截至2019年6月，已有超过300家品牌方成功加入"京腾计划"，并保持了一半以上的复投率。数百亿的品牌商品，将通过"京腾计划"曝光并覆盖近100%的中国互联网用户。❶

在2021年京东云仓生态伙伴大会上，京东物流与腾讯智慧零售共同宣布最新产物"京腾云仓"。这一项目再度聚合双方优势，将京东独到的物流优势和高水准的供应链服务，与腾讯智慧零售所拥有的全域数字化触点、智慧零售产研技术相结合，提供"系统+品牌赋能+商流"的一站式解决方案。在以客户为中心的基础上，打造京东、腾讯的新平台、新生意和新增长。❷

## "社交+电商"的强聚合优势

为什么京东和腾讯的合作能够带来如此显著的优势和可能性？

---

❶ 39电商创业.京腾计划是什么？为何能取得成功？[EB/OL].（2019-06-22）. https://39zn.cn/article/78162.htm.

❷ 东成启达智慧物流园.京东物流与腾讯智慧零售共同推出"京腾云仓"[EB/OL].（2021-04-21）. https://mp.weixin.qq.com/s/x1RrRAfnNRWDrWI5DcyWGQ.

作为国内移动终端的头部企业，腾讯致力于在行业当中，共建一个打破数字壁垒的全流程一体化体系。经过数十年的经营，腾讯拥有充沛的用户资源，多种场景的小程序、社交工具和体系，能够进行信息数据流转。但在腾讯诸多优势之外，缺失成熟的电商运作资源，这恰恰是其为数不多的短板。而京东的存在，正好填补了这一空缺。

以"京腾计划"为纽带的双方合作，将二者在数据分析能力、技术储备和资源应用等方面的优势实现高度互补，使得电商用户和社交群体，呈双增长曲线态势，进行同步扩大和相互渗透。

最终的结果证明，京东和腾讯的"社交＋电商"模式，精准预判到了未来互联网业态的走向。2017年腾讯方面的财报显示，一年内，微信月活跃账户已然超越10亿，微信小程序的日均活跃用户也已经超过了1.7亿；而QQ的月活跃用户数达到7.83亿。❶

从京东方面来看，源源不断的品牌方和有效客流入驻"京腾计划"，不仅使其覆盖面积更加广泛和全面，还将电商的营销效率提升到了前所未有的高度。

此外，京东和腾讯的企业基因，有着异曲同工之妙。这两家企业都致力于用户通路的全流程打造，不论是自建物流还是全场景覆盖，都体现出二者目标一致，合作高度趋同的趋势。"京腾计划"则

---

❶ 39电商创业. 京腾计划是什么？为何能取得成功？ [EB/OL]. （2019-06-22）. https://39zn.cn/article/78162.htm.

第三章　雷达图系：京东增长表现

在尝试一力打破不同行业、领域之间的壁垒。京东在这期间,逐渐从传统的网络电商自营平台,向一家打通线上和线下的零售业基础设施服务提供商转型。而腾讯在日常生活当中扮演的角色将再度跃升。正如腾讯提到:"互联网企业将在零售行业扮演'水电煤'和'工具箱'的角色,帮助零售商实现从获客推广、转化到客户运营等全链路运营效率提升,优化用户体验,助力零售商连接用户价值最大化。"

最后,则是京东和腾讯方面始终在消费者体验感提升,以及市场效益增长的困局中寻找平衡点。"京腾计划"的三步走策略,步伐清晰稳健、层层迭代,却并没有将建立合作的初衷抛诸脑后。就像京东官方提及的那样,对于"京腾计划"3.0的升级,不仅是对市场环境变化的应对,还是京东坚持为用户持续提供优质体验的初心。

截至2021年12月,腾讯和京东的"亲密"合作已经持续了整整7年。这期间,京东的GMV数据实现了超10倍增长;自身平台的活跃购买用户数量也呈现出逾6倍增长。在双方客流和渠道的长期培育下,京东已经具备自身的流量引导和制造能力。

2021年12月23日,腾讯派息式减持京东的消息传出。紧接着,腾讯在京东的持股比例从17%降至2.3%,腾讯出身、原任京东董事的刘炽平也正式卸任。自此,腾讯与京东的结伴之行告一段落。

腾讯与京东持续数年的强强聚合,不仅是双方企业间的优势吸引,也是双方借力的跃升成长。以"投资处于发展期的成长型企业"

为主旨的腾讯，在与京东的长期合作中，逐渐见证了京东的高速增长。用腾讯自己的话来说，现今的京东已经长大了，拥有持续"造血"的能力，也就到了退出投资的适当时机。

从外界的分析判定中，能够发现以"告别、终止"定义二者的观点层出。事实上，此番解绑，昭示着京东和腾讯正在开启新一层面的全新增长路径，恰当的合作与适时的"放手"，都是双方在基于未来发展战略上所做的合理调整，并非舆论中的分道扬镳，而是更长远的持续合作。

# 第四节
# 雷达基座：从单元向森林跃迁

## ⊙ 权限下放　结构上收

京东之所以成绩斐然，并非一蹴而就。若要细究其动态增长来源，必然要拆分京东的管理结构、业务扩张以及文化沿革的走向。下面从这三个不同的角度，剖析京东是如何从内部发力，逐渐丰满羽翼，并在强强相争的电商市场，走出一条独特的京东增长图谱的。

判定企业的增长表现，无论从内外部何处剖析，最终仍需回到企业本身业务、管理、服务能力跃升上。其中，企业的内部动态增长，就是印证增长持续发生的表现之一。京东从最初单薄的线上网站，逐步拓展到线上线下一体，涵盖多元化格局、多品类覆盖，以及具有供应链这样独特优势的企业，最终实现从零散的"京东单元"向效能强大的"京东森林"跃迁。

京东决策结构变革和组织架构变迁，是其从"草莽"转型为"专业军"的典型缩影。

就整体发展趋势来看，京东的决策模式，从最初以创始人为"绝对依循"开始转变。在逐渐转型的过程中，京东不再局限于依靠顶峰决策者为企业发展方向定论，而是一改早先分级金字塔式的决策模式，将权限进行层层下放。通过集体的力量，拨动企业的"方向盘"。在此过程中，京东相继提出 Big Boss 理论和积木型组织架构，实现真正的权限下放。

## 决策结构：去中心化

伴随着京东企业版图的逐步扩大，专业化、标准化已经成为硬性要求。2007年，从京东开始大规模招募外部专业的新鲜血液就可见一斑。2008年京东员工超过千人，有危机感的刘强东意识到一个重要的问题，京东需要有人用眼睛看看外界是什么样的，于是京东的组织架构开始频繁变化。

追溯最初的决策结构，与 BAT 公司拥有一批高级管理团队相比，

"草莽"时期的京东更偏向以创始人为圆心，形成了一个散射式的企业决策布局。那时的刘强东，有着绝对的决策权。

京东历年公开的数据显示，刘强东在早期拥有着对京东的绝对掌控力。在公司决策的投票比重中，刘强东占据了79%的投票权。这在实行AB股制度的科技公司内也十分少见。此外，《京东公司章程》中有过明确规定，若创始人刘强东无法出席董事会，正式董事会将无法正常召开，除非其有意自愿回避或卸任董事。这样高度集中的决策结构，在业内亦十分独特和典型。

今日资本的创始人徐新曾问过刘强东这样一个问题："你天天在沙漠里开车，你不怕死吗？"刘强东对此的回答是："方向盘在我手里啊。"对于这位京东舵手而言，集中的决策结构，意味着他将一力肩负企业发展的更多责任。

早期，京东所处的市场竞争环境和尚未稳固的企业基石，决定了京东需要像一支行进严密的"列阵军队"。唯有集中的决策权和极高的执行力，方可保证京东在市场中闯出一片天地。

但随着企业的逐步发展，京东的组织架构日臻完善，相应的制度体系也已成功建立。京东作为一家成熟的上市公司，决策结构需要进行相应的优化，以适应更复杂的外部环境变化。对此，刘强东曾说："组织严丝合缝，制度顺畅有序，京东早期那种兄弟齐心的创业激情不应被稀释，对顾客需求的迅速反应不能丢。我要求自己和我的团队始终保持一家创业型企业的状态：对市场变化要有最高的

第 三 章 　 雷 达 图 系 ： 京 东 增 长 表 现

敏感度，仍然像早年的京东那样具备快速和强大的执行力，因为这就是京东的立身之本，也是我们出发的原点。"

于是，京东的"圆心式"决策结构开始向"去中心化"的结构进行下放和转型。

对于决策模式转变，京东创始人言简意赅地用了三个词来解释其中逻辑：扬长避短、强调闭环、强调授权。一位京东员工形容这样模式下的京东结构似乎更加简洁明了：京东分成了结构明晰的两个战场，一个是"听得见炮火的前线冲锋军"；另一个是"没有硝烟的战场"。公司需要让更能打仗的人冲到前线。

更加"开放、协同、共享，更尊重前端组织和个人"成为京东转变决策机制的典型特征。其中，京东自上而下地打破了过往的决策机制，充分向下放权，形成了更多自下而上的组织创新机制。

从内部来看，京东将原有的10个事业部重组，形成三大事业群，激励组织内生创造力，形成简约、无界、敏捷和高效的决策形态。此外，京东同时开始实行轮值CEO制度，进行决策机制的重新布局。

从外部看，京东的第三方业务开始逐渐壮大，全新的业务版图快速启动，物流与金融开始成为独立的运营系统，技术要素也成了独立的基础设施被着重打造。这些都显示着京东决策机制的变化。可以说，决策机制变化是京东在应对危机和开放更多增长红利之间作出的适时反应。

**京 东 增 长 法**

## 组织结构：网格化

与决策结构变化截然相反的，是京东呈"上收"态势的组织变革。

曾经奉行"单兵作战"的京东，由于当时团队人数相对较少，所以决策快、流程短，组织结构也相对松散。伴随着京东的持续壮大，之前散乱的组织布局，逐渐向结构严谨、衔接紧密的网格化结构转型。

其中的典型例子是京东首创的"积木型"组织结构。这一结构是指各个业务环节之间，能够进行随意拆分、配置，并通过个性化的偏好和需求，进行针对性的组合。就像乐高积木拼接一样，京东将上千块标准化"积木砖块"的接口，进行统一整合和规划，使之能够拼装成任何一个设想中的造型。

事实上，京东自2007年起，就在致力于引导企业向标准化、规模化转变。2012年，公司大量引入职业经理人，对高管充分赋权，并在核心岗位任命管培生。2018年，京东迎来了上市以来力度最大的组织结构变革。其中，京东将京东金融与京东到家从京东商城体系中剥离，通过独立运营和合资等方式实现业务独立；将其余业务合并同类项，把相关项目聚合在一起形成闭环，产生分工明确的前、中、后台组织结构，以提高京东的内部效率。

除了"积木型"组织结构，京东还创新性地提出"Big Boss"组织，这是京东整肃结构的举措之一。"Big Boss"概念的核心是"划

第 三 章　雷 达 图 系：京 东 增 长 表 现

小经营、决策前置，形成小集团、大业务的结构"。在企业高层提出"末位淘汰制"，增加企业的战略认同、理解和执行；在基层则实行"让一线的人做决定"的模式，补充团队短板，增强企业的紧迫感和危机感。

在经历了超过十几年的高速发展后，大规模的京东组织架构变革，成为其发展路径上的必然。面对着行业变化、人口红利优势的逐渐消失，以及为满足消费者需求和企业商业模式优化的需要，京东亟须朝着更精细化、个性化的服务，保持创新的方向发展。因地制宜的决策模式和组织结构优化，也将为其提供敏锐的市场响应机制。

## ⊙"店"和"电"的转型跃迁

作为中国最大的自营式电商企业，京东似乎总是能带来惊喜。

在实体经济增速上行，互联网布局尚在"幼雏"时期，京东就能主动转型线上。将已经做出成绩的实体经济全数搬运至线上，从完全陌生的线上零售领域重新布局，并逐步扩大综合自营电商零售范围，京东凭借独创优势，在线上零售领域闯出别具一格的京东模式。而伴随着线上线下边界的逐渐模糊，京东再度敏锐地向线下进军，在第四次零售变革浪潮中，凭借其多年深耕的物流优势，成为打通线上线下关卡的"先行军"。

从"店"到"电"，再到打破壁垒，以崭新姿态回归"店"，京东一路的发展似乎就在两种模式中渐进跃升。京东这一路的演进轨迹，也从侧面展示了中国零售业头部的变革风向。

## 从"店"到"电"的突破

京东从创立伊始，就带着明显的实体色彩。简单来说，发迹于实体经济的京东，不论其商业的主体模式是否以实体为主，它总是需要将"一只脚"稳稳地踩在地上，把对自身根须的培植当作兴业之基。

2004年京东涉足电子商务，全面转型线上时，京东仍在延续实体经营的业务内容。直到2006年，京东才将自己在北京中关村的实体柜台彻底关闭。时隔一年后，京东开启"并行双线"模式，在构建线上布局的同时，将线下的实体仓储配送线架设起来。

线上经营，加速京东平台建设，打通线下的物流业务服务，将运行系统的话语权掌握在自己手中，是京东试图打通线上线下关卡，完成从"店"到"电"突破的核心。

1998年在北京中关村大小卖场内创办的京东多媒体，是京东诞生的雏形。当时，8848、当当网、卓越网、阿里巴巴等国内最早涉及互联网电商领域的企业，已经经历数次行业波动和优胜劣汰。而京东创始人刘强东，还在带着团队往实体零售业务里扎，不断研究采购和库存。

2003年，"非典"疫情突然来袭，使得依赖客流量的零售行业遭受重创。在将近折半的降价销售中，北京中关村各大卖场的销量仍在持续下跌。刘强东一方面考虑员工的安全，另一方面为遭受重创的经营事业保存元气，便将12个柜台尽数关闭。从论坛推广京东的电子零售和团购业务起步，将业务逐步转型线上。

一年后，京东多媒体网站（京东商城前身）上线，站内陈列了百余个电脑、光磁、周边硬件。同年七月，京东首创的"京东排满场"即时拍卖系统上线。伴随着京东早期团队对网络运营的逐渐成熟，京东网站的商品陈列、运维经营、客户体系逐渐建立。2005年，京东网站上每日固定处理订单量就已经稳定突破500单。

2006年，京东在原有的3C零售基础上，增加家电零售板块。同时，京东还向消费者开放"京东产品博客系统"，这是全国首个以产品为主体内容的专业博客系统。

随后，京东成功获得企业的首笔融资款。自此，京东开启了飞速发展模式，2007年，京东启用了全新域名，将其更名为"京东商城"，招募职业经理人进行企业内部改制。此外，地跨北上广的三大物流体系同时建成，京东电商的雏形框架基本形成。

物流仓储体系建成后，211限时达、上门取件等一系列业务依次上线。电商平台扩展方面，京东商城的线上客服、第三方支付系统、海外站公测等服务和项目也相继启动。与此同时，随着京东电商平台将3C、家电、图书、食品、服装、家居、美妆、奢侈品等零售品类纳入麾下，积极吸纳第三方商家入驻平台，京东逐渐向一个综合性的电商平台转型。

2016 年，国内最大的自营电商平台桂冠被京东商城摘得。两年后，京东商城成功组建快消、电子文娱和时尚生活三大事业群。而京东在搭建综合性电商平台的过程中，还成功培育出京东数科、京东物流、京东健康三大独角兽企业。从京东一路历程中可以看到，它拥有实体店基因，又搭上电商的快车不断扩大，实现从 0 到 1 再到 $N$ 的蜕变，从一棵小树长成了一片森林。

## 由"电"到"店"的新型回归

在京东创始人公开指出"京东接续发展是技术、技术，还是技术"的同一年，与第四次零售革命并驱而行的"无界零售"理念应运而生。这是京东成功打通线上线下的关键一步。

无界零售指的是覆盖全境的物联网，在互联网智能化的优势下，打破横亘在线上线下的数字壁垒，真正将两者融合在销售行为中，在顺应市场消费变化的基础上，通过技术革新，实现场景无边、货物无边和人企无间的发展图景。

在这一理念下，京东开启了线上线下相融合的征程。其中，与沃尔玛、永辉等大型商超合作，开设京东"店中店"，是走到线下店的首度尝试。

2017 年 8 月，京东筹备了整整一年的京东专卖店和京东之家正式开业。这是京东打通线上线下的率先试水。先从京东擅长的 3C 领域入手，也从侧面展现了京东想要打破壁垒的决心。同年，京东又

第三章　雷达图系：京东增长表现

公开宣布，将在年底前开设300余家3C零售体验店，这样的门店将遍及全国各地，通过技术驱动，重构零售行业布局和线上线下的融合方式。

京东专卖店和京东之家与传统零售截然不同，两种门店的货品均来自京东自营仓库，以经营场景代替传统零售经营流量的核心。积极在店内营造丰富的购物场景，店内装修也力求舒适，区分明确的商品货柜区、娱乐休憩的社交休闲区、科技体验和健康服务为主的体验区，将其打造成品牌发烧友和京东粉丝的汇聚之地。

这样沉浸式场景购物的背后，是强大的京东技术在提供数据支撑。货柜当中陈列的商品，都是基于不同地区和商圈购物者的消费偏好和习惯打造的针对性销售策略，实现"千店千面"的效果。

当消费者进入门店后，京东数智技术将为后续购物活动提供系列支持。它能根据不同人群的场景停留时间和关注区域，进行精准的货品信息递送。此外，京东专卖店和京东之家的商品价格与线上一致。商品标签上的二维码，将京东APP页面链入，商品详情、评价和配送均享受同步服务。

此外，这两种门店的开设位置，多在永辉超市、沃尔玛和万达广场等综合商超内，与这些原有商圈形成了强强互补效应。在北京的某个商场二楼，由于客流稀少，部分曾准备撤柜的音响店，因京东之家开业后带来的客流上涨而"起死回生"。

不仅如此，京东还通过开设京东无人超市，一步步在线下门店开启智能科技向外赋能的起点。通过二维码和人脸识别技术，结合店内设置的多个传感器，采集相应的图像，形成消费者选购路线、喜好、停留时间、最终选品等多重数据，提供更智能便捷的服务。

正如京东强调的那样，整个零售系统将由智能技术驱动。在此基础上，商品间的信息流动更加频繁、供应链效率更高、成本更低，能够真正实现"所见即得"的消费需求。

京东致力于打通线上线下壁垒，不是要消灭产业链上的某一环，而是通过技术和供应链优势，帮助合作伙伴加速变革，形成共生、互生和再生的行业生态圈，共享产业链的价值。由京东和曲美联袂打造，以"解决一个家全部需求"为核心的曲美京东之家，就是典型案例之一。

曲美京东之家以家居产品为主，在自身主营基础上，实现了一套家装全流程、个性化的营销模块链，跳脱出原先单一的家具卖场模式，将消费者所需要的衣、食、住、娱囊括其中。京东发扬优势，依靠技术创新为其带来全新流量和终端体验，使"无界零售"的战略真正落地。这不仅为商家引入复合客流，还使得更加个性化和丰富多样的销售模式，能够更精准地触达消费者。❶

从实体转型线上，架设实体仓储物流，再到引进互联网技术，开设实体的京东便利店、无人超市，实行"店中店"和一体化融合计划，这些都是京东在"店"和"电"之间进行企业形态升级转型的轨迹，也是京东从零散单元，逐渐成为京东森林的生动特写。

---

❶ 证券之星. 曲美家居与京东联合打造"曲美京东之家" [EB/OL]. (2018-09-28).
https://baijiahao.baidu.com/s?id=1612806951621691625&wfr=spider&for=pc.

第 三 章　　雷 达 图 系 ：　京 东 增 长 表 现

## 从企业"狼性"到"枝丫"文化

明确的发展目标、清晰的权责系统、忠实地履行社会义务、优秀的文化共识，都是企业保持可持续增长，常保竞争优势的要义。

其中，作为核心软实力的企业文化，是企业集群的导向指针，不仅决定着企业处理问题的方式和经营模式，还将直接影响企业生长的精准方向。从另一个角度来说，企业核心文化的调整沿革，也是窥见企业增长曲线变化，推演企业壮大版图轨迹的有效切口。

京东企业文化演变历程界限明晰。从最初上行下效的"狼性文化"，到急行军式的企业生长模式，处处都凸显着强烈的创始人风格。

在京东初创的十年里，京东经历的都是"硬仗恶战"。在商战中，京东的执行力、整合效率和决策效率都远非其他互联网公司可比，浑身上下都散发着一种誓不罢休、永远向前的狼性特征。

京东发展的数次转折节点，都是怀着一腔"壮士断腕"的士气在进行蜕变。

2003年转型线上，舍弃实体经营布局，从零开始筹划电商零售经营；2007年力排众议立志成为综合零售商，在全行业的质疑中，开辟"长线慢热"且"又脏又累"的仓储物流；2014年上市敲钟，推动互联网行业格局的纵深发展；2018年成功冲破至暗；2020年迅速恢复企业元气，第二次成功上市。

业界对京东"搅局者""挑擂者"等意有所指的称谓，也从侧面印证了京东"强硬"的狼性文化风格。在早期的京东员工队伍中，单兵作战、能扛能打，是身为京东人的业务基础。

而后，随着京东实力的不断增强，员工数量的不断增加，京东逐渐朝着多元开放的"企业·家文化"转变。

这一阶段的京东文化，逐步呈现出与京东在外"强硬"风格截然相反的"温情"。围绕企业文化进行的氛围打造也日益增多。京东内部的员工俱乐部、生日会、家属开放日等一系列活动逐渐频繁，企业内部的家文化氛围也逐渐浓厚起来。

伴随着京东企业版图"定锚"成型以及职业经理人才的持续引入，企业文化开始朝着精细战略化演进。自此，京东的企业文化开始摆脱原有的笼统风格，在不同的企业发展阶段，形成独具特色的企业文化观念。

京东提出的首个企业文化理论，是在2009年发布的"星形"价值观。在这个模型当中，京东的企业文化被归纳为六个不同的板块，以"坚持"为中心，"拼搏""欲望""感恩""诚信""价值"为五角，形成规整的五角星形结构。在"星形"价值观中，强调京东员工的自我提升，由内向外地组成了这一理论的内容架构。这一价值观的核心要义是：积极鼓励企业内部发扬拼搏精神，让员工做有价值的事，保持进取、诚信、感恩和坚持梦想的心。

2013年，京东文化再度衍化，形成"同心圆式"文化架构，从企业内部来讲，称之为"一个中心，四个基本点"。具体来说，就是以"客户"为中心，将"诚信""团队""创新""激情"作为工作准绳，围绕这样一个"同心圆"展开各项工作和服务。2018年，京东

第三章　雷达图系：京东增长表现

重申企业发展文化的核心，是坚持正道成功，以十二字"T形"价值观为依循，坚持客户为先，只做第一。

时至当下，京东的文化机制与体制架构已经成功搭建，更多开放包容、喜闻乐见的文化创新项目层出不穷。此时的京东企业文化，已经从最初的企业代表性人物，落到每个京东员工的身上。员工成为企业文化向外展示和输送的窗口，并真正成为京东企业文化的"萌新枝丫"。

在福布斯2021年度全球最佳雇主榜中，京东位居中国标杆企业前三。这个榜单的评定样本，来源于全世界范围内的征集调研，以中国企业雇主品牌建设、人才发展路径、社会责任等各方面维度进行排名。❶同年，在全国工商联发布的"2021中国民营企业五百强榜单"中，京东以36.91万员工量，成为中国民营企业员工人数最多的互联网企业，已经超越互联网电商巨头阿里巴巴，成为仅次于华为的中国第二大民营企业。

京东的愿景，是致力于在社会上创造更宽泛的实用价值。从拉动经济增长，到促进国家就业税收；从脱贫支线的攻坚克难，到城镇乡村的特色农商；从世界范围的供应链铺设，到全新零售模式的摸索革新，京东所坚持的正道成功，始终熔铸在企业文化精魂当中。

---

❶ 京东黑板报.福布斯发布2021全球最佳雇主榜：华为、腾讯和京东位列中国前三[EB/OL].（2021-10-14）. https://mp.weixin.qq.com/s/mBjHQqsvdzIfnS7GvJZ57A.

值得骄傲的是，京东的民营企业情怀，伴随着企业"枝丫文化"的打造成型，使受众能够通过遍及全国的京东员工清晰感知。京东具有的强烈社会责任感和利他精神，能被大众市场普遍熟知和认同。同样，京东内部员工感叹：原来一直以来在京东工作的幸福感，是可以量化和被公众感知的！京东的企业文化，是能够充分感染社会的！

第 三 章　雷 达 图 系 ： 京 东 增 长 表 现

重新定义
京东

第四章

# 布局新一轮增长

京东对自身的定位是：拥有互联网数字技术，蕴含实体企业能力和基因，以供应链为基础，提供技术和服务的新型实体企业。

截至2021年8月，京东旗下员工数为37万人，直接聘用一线员工数量25万人；服务超过5亿消费者，拥有超800万的活跃企业客户，为91%的世界500强企业提供服务；旗下自营产品量高达数百万；七鲜超市、京东家电专卖店、京东便利店、京车会等数万家线下实体门店遍及全国，拥有多种线下业态；自建物流面积超过2100万平方米，上千个仓库覆盖92%的区县和84%的乡镇，在超过55万个行政村内，成功实现"当日达"或"次日达"。❶

在2020年8月《财富》杂志公布的世界500强榜单中，一共有7家互联网及其相关公司上榜，京东与亚马逊、Alphabet、Facebook、阿里巴巴、腾讯等一众头部互联网公司同在其中。作为榜单中排名最靠前的中国互联网公司，京东当年的净服务收入占比量为44%，保持高速增长，而全年净收入是5年前的三倍有余。

此时的京东，正在经年储备而成的优势下持续增长。按照查尔斯·汉迪所提出的企业增长曲线理论，持续保持上行态势的京东，需要开始布局新一轮增长图景，时刻准备好打破抛物线。

基于此，京东将在不同领域，开启新的企业增长点；也将在总结过往错漏的基础上防微杜渐，以保证在新格局下实现新增长。此外，京东对于社会责任的坚守，也有可能带来新的增长机会。

---

❶ 京东黑板报.《新型实体企业京东全景图》发布，"以实助实"促进实体经济高质量发展[EB/OL].（2021-08-13）. https://mp.weixin.qq.com/s/Dd0o3332mm26GA6-I8DtLA.

# 第一节

# 启新：寻找增长

## ⊙ 零售电商的全新赛道

过去一段时间里，对于零售行业来说，将数智化技术引入零售行业，被称为"锦上添花的可选项"，尤其是像京东这样寻求新赛道，将线上零售和实体店铺销售间的壁垒打破，实施"无界零售""新零售"等全新的零售方式。

早先的中国传统零售业，呈现出严重的市场碎片化问题。技术基础薄弱、企业规模有限、受不同的地域环境局限等，导致传统的零售行业"防风险"能力薄弱。与之形成鲜明对比的新型零售模式，凭借其高效率、快响应、私域化等优势，成为率先带动行业复苏的"火车头"。

此时，曾经一度被认为是"备用选项"的新型零售模式，在诸多企业耗时数年的不懈搭建下，成了踏上零售行业新赛道的必选项。在零售行业中，京东凭借着独特的"双栖"道路，全新的零售概念，以及迎接未来方向的有效突破口，成为零售赛道上的佼佼者。

### 第三条零售道路

随着电商的兴盛，实体经营和互联网电商，成为一场持续竞技比赛的"敌我"两方，走在一条非此即彼的道路上。由于消费市场的相对固定，实体和电商零售之间，始终存在着一条泾渭分明的竞争界线。选择实体还是电商？这曾经是零售业面临的一个艰难抉择。

苏宁，是典型的实体连锁家电零售头部企业，依靠实体建立优势，凭借强大的实体连锁布局，一度稳居国内家电零售企业榜首。然而，在互联网电商迅速兴起的冲击下，苏宁的后续发展却逐渐显露出疲态。究其原因，是苏宁绝大多数的业务营收，来源于实体连锁网络，而想要构建起一张如此宏大的实体门店网，需要经年累月持续投入。当时，互联网数字化已然成为行业发展的必然，拥有超大体量实体门店的苏宁，在转型关口上陷入了"尾大不掉"的困局，导致其在互联网行业发展的黄金时期，在家电领域与京东的对垒中，后劲稍显不足。

阿里巴巴，则是专注打造线上平台，被称为国内最具影响力的电商企业。以互联网平台为主阵营的阿里巴巴，在汇聚数以万计线上店铺的基础上，拥有涵盖全领域、全品类的商品索引能力。然而，专攻"网上地产"的阿里巴巴，平台上大小商家数量庞杂，因此对驻站商户的培育择选，以及品牌效益、服务效力等方面，难以做到全流程的细致把控。这些因素都极易为自身平台埋下隐患，导致平台影响力受损。

2016年5月，淘宝一位姚姓商家售卖假冒的品牌猫粮。阿里巴巴和正品猫粮品牌方玛氏公司发现后，立即对该商家的猫粮进行核检。证实确为假货后，平台和品牌方共同起诉该商家。最终姚某被抓获且需赔偿267万元。但平台一经出现售假现象，在消费者利益受损的同时，对平台的诚信声誉也将造成无法挽回的影响。❶

在这起案件的庭审中，美国卡内基梅隆大学助理教授张凯夫提交了一份学术成果，其中提到一组数据：若消费者在平台买到一件假货，后续在同一平台消费的概率将下降为原来的1/5。长此以往，必然会给平台发展埋下巨大隐患。

京东在两种截然不同的模式之间，选择并开启了史无前例的第三条路：实体与互联网间的"零售双栖"路线。

京东的发展轨迹，就是在实体型店铺与互联网型电商间转型、深耕。所以在互联网零售行业最鼎盛的十年间，京东成功把握机遇，一举跃升至国内知名电商前列。至此，京东的行业愿景还尚未达成。京东开始筹划线下实体物流仓储运营，将电商与实体店铺之间各有所长的"虚实"特质结合起来。在电商零售持续保持增长态势的基础上，京东埋头深耕实体物流配送供应链，在互联网电商发展持续向好的同时，构建供应体系的坚硬"城墙"，成功开启一条零售界新通路。

此时的京东，在纯实体经营和纯线上经营模式间开辟了"第三条道路"，成功走出一条新型实体企业的道路，并为后继者们提供了一套行之有效的发展范式和优质参照。

---

❶ 物联网智能家居. 淘宝店主卖假猫粮，阿里拒绝背锅，怒而索赔267万 [EB/OL].（2017-04-28）. https://www.sohu.com/a/136900381_515173.

第 四 章    布 局 新 一 轮 增 长

## 双栖模式下的"新"零售模式

随着互联网的快速迭代，传统的电子商务模式，已无法满足消费全面升级后的庞大需求量。同样，随着移动终端的深度落地，消费场景也在随之发生变化。早先"标准化、规模化"的生产模式，逐渐往"智能贴心、个性定制"方向发展。于是，在线上经济不断深入的发展过程中，电商市场趋于饱和，倒逼零售行业开始寻找新一轮变革契机。

回望中国零售行业的发展轨迹，传统零售行业曾经历了三次变革。

百货商店模式的出现，预示着第一次零售革命来临。中国的零售行业受整体经济形势、消费市场的偏好等因素影响，从集贸货柜发端，逐渐摆脱传统的、定类倾销的单向模式。

而后，第二次以连锁商店为核心的零售革命到来，规模化的运作体系与统一化管理开始出现，零售商户的门店运营效率上升，成本下降。

紧接着，互联网逐渐进入人们的日常生活，开始了无孔不入的数字革新，并出现了打破空间固定格局的电子零售业务。于是，第三次零售革命正式来临。

那什么是第四次零售革命？

对于这个问题，不同模式的企业对此理解不一。但归根到底，对第四次零售革命的解读围绕五个层面展开，它们依次是：信息代替实物、业务流程面临重组、社会化网络与链接、对大数据的洞察和新思维应用、持续涌现的空间创意。

从零售行业角度来说，第四次零售革命是在感知、互联、智能的基础上，通过零售基础设施的全面更新，对零售"成本、效率、体验"的价值创造和获取将被彻底变革；商品、信息、资金服务供给方将进一步走向专业化和社会化。从消费市场角度来说，需求个性化、场景多元化、价值参与化将成为新标签，消费者也将扮演越来越积极的角色，由被动接受向主动创造和影响转变。

2016年10月，在阿里巴巴云栖大会上，创始人马云明确提出观点，认为当时的"电商"概念已死，取而代之的是"五新"概念，其中涵盖了新零售、新金融、新技术、新能源和新制造。❶对于阿里巴巴来说，新零售"竞技场"是企业把握未来行业走向的重头。

而对于苏宁来说，新局势下的业务重点将诉诸聚焦和服务体验，一方面利用线下门店优势提高消费体验，另一方面通过物流，依托云店、自营店、苏宁生活广场等多种业态模式，契合时下品质消费体验的趋势。

国美则致力于打造线上线下的交融产品"国美Plus"，推出"社交+商务+利益分享"的全场景服务模式，提出建立以"6+1"❷为价值基座、供应链为核心的社交商务生态圈。

---

❶ 陈芬.零售业态如何适应消费升级[J].中国经济信息，2017（7）：76-77.
❷ "6+1"：以用户为王、产品为王、平台为王、服务为王、分享为王、体验为王、线上线下融合的社交商务生态圈。

第四章  布局新一轮增长

按照普遍逻辑，在电子商务趋于饱和，行业即将开启新业态的关口，各个企业着力的重点，应集中在破除线上线下的脱节、进度延后等问题，力求缩短实体与互联网经营之间的差距，达到"并驾齐驱"的状态。然而，在京东看来，这只是零售变革当中的必经过程，并非企业最终需要达到的目的。在第四次零售革命中，企业的最终落脚点必须更加精准切中未来的零售经营模式。基于此，京东提出了无界零售概念，即传统线上线下的边界被打破。

"场景无限、货物无边、人企无间"是京东无界零售概念的核心。包括零售领域中的时空边界被消除；商品形态突破固有常规，形成商品即内容、内容即数据、数据即服务流程循环；生产和消费之间的界限不再以利益为驱动和间隔，泾渭分明的双方关系被信任和亲密代替。在无界零售概念中，"服务"的涵盖和指向，并非固有意义上的商家和客户双方，而是以自身为基石，促进零散受众、大中小企业客群，以及整个行业的相关利益方和零售业界的共生共赢。这种模式将原来以"货"为中心的零售转向以"人"为中心。京东希望推动中国零售行业在"知人、知货、知场"的基础上，重塑零售行业的客户体验。

基于无界零售，京东在线上线下、批发、生鲜、企业直销等各个事业部的战略配合下，开始探索上游产业链的"反向定制"业务。京东将甲乙方关系进行对调，让客户通过京东进入定制、获取产品的全流程中，让用户成为自身产品的"决定者"。

之后，京东从供应链切入，开发并启用了新通路、"开普勒计划"等一应项目，提供面向各种企业、大客户采集、POP平台，以及针对线上线下长尾企业的各种服务。甚至对于未来保证"上下游业态"的可持续化运转，还提供京东支付、钱包和信用等金融服务。为更好地服务客户，京东提出更为灵活、高效、个性化的"解耦"模式。

早先的企业服务模式固化在"一对多"的框架当中。也就是说，对于多元化的需求，企业的解决方案往往单一而古板，无法灵活敏锐地为消费者提供服务，使得相当一部分的客户需求无法被有效响应。直到2019年，在京东内部高管会议上，"解耦"一词首次出现。该模式能将物流当中的解决方案，按照不同级别的处理能力划分为不同的板块。这些零散的内容，既能独立运作，又能像积木一样自由拼接，从提供单一产品，转变为提供解决方案的基础设施，按照不同的需求，进行对接式的个性化解决方案。

最初脱胎于物流的"解耦"概念，正在京东无界零售的大框架下应用得更加广泛。京东互医平台的最初设计理念，是搭建一个集问诊、处方、主数据为一体的开放平台。但是这三个业务划分在应用时呈现出低耦合特性。于是，"解耦"概念被引入其中，在互医平台划分出一个自建模块，不仅能够处理京东医生的业务，还能为今后的第三方平台预留服务接口，有效化解了不同需求对业务的直接依赖，承载了更多不同领域的状态变更信息和服务。

与京东提出"无界零售"业态、首创"解耦"式服务方案有着异曲同工之妙的还有开放式供应链应用。这同样是京东从"一体化"

向"一体化开放与融合"转变的战略表现。过去，京东物流凭借能够压缩周转库存、改善货品配送率、提高效益降低成本和联通用户端、及时洞察受众需求变化等诸多优势，在整个物流行业中，拥有一骑绝尘的地位。但京东物流最终的愿景是在自身优势的基础上，面向行业和社会开放和共享更多优势。因此，京东在 2020 年提出要成为"以供应链为基础的技术与服务企业"，❶ 帮助品牌方和行业上下游，进行供应链共享。

家喻户晓的办公文具品牌得力，就是共享供应链之下的资深受益者。作为国内知名的办公类品牌方，得力旗下运营着 5000 余个 SKU，仓库遍及全国各地，发货方式涵盖线上线下。诸多复杂的运营路线，导致得力在商品履约计算、环节衔接和配送整合等方面，过程冗杂、效率不高，相关部门的工作量也极大。

后来，得力与京东达成深度合作，横亘在得力面前的难题迎刃而解。得力引进"端到端的补货模型"，提前将仓库和配送环节进行合理布局，将订单履约效率控制在最优范围，相应的项目工作效率也提升一倍以上。

在零售行业内，京东增长效应的启新作用逐渐显现——不仅能够为行业开创全新赛道，还能以先行者的身份带动后继企业转型，助推整个零售行业转型升级。

---

❶ 封面新闻. 京东公布新的定位：成为以供应链为基础的技术与服务企业 [EB/OL].（2020-11-25）. https://baijiahao.baidu.com/s?id=1684309491367698926&wfr=spider&for=pc.

## 新业态下的全新突破口：跨境电商蓝海

互联网和物流在近年来的高速发展，催生了新的消费方式和习惯。2014年被称为中国跨境电商元年，在这一年里，中国海关总署给予了跨境电商合法身份，规范了相关的跨境贸易规则，有力推动了我国的跨境电商走出"灰色地带"，并于当年呈现井喷式增长。

从2000年个人代购至2007年的淘宝全球购出现，从2005年的海淘模式到2014年的进口跨境电商发展，天猫国际、唯品会、京东全球购、聚美优品等品牌都逐渐加入跨境海淘队伍，并通过完善直邮进口、保税出口的物流模式，来参与到全球竞争中。❶

相较于海外跨境电商行业的成熟，我国的跨境电商行业经历了数年的粗放1.0时期。2019年，跨境电商领域进入品牌年，由此开启了2.0的品牌化时期。

2020年以来受外部因素影响，世界范围内的经济疲软趋势明显，海内外市场消费需求急速下滑，全球原有的供应链通路受阻、效率下降，致使国内外经济市场遭受严重冲击，甚至极大地影响了部分国家民众的日常生活。

然而，我国跨境电商行业在普遍经济下行的环境中，市场交易规模竟然出现了逆势增长。

根据2020年7月中国海关总署公布的数据，2020年上半年，中国跨境电商进出口货品总量增长了26.2%，出口增长量略高于进口，

---

❶ 陆剑. 探究跨境电商面临的困境及对策研究[J]. 今日财富，2021（25）：92.

比值分别为28.7%和24.4%；同时期中国一般货物贸易同比负增长3.2%。两相对比下，跨境电商的增长势头显得尤为突出，❶跨境电商也逐渐成为传统实体经营商和外贸企业们转型升级的预留选项。

已经向成熟的品牌化转变的跨境电商行业，为逐渐凸显"趋同化"的电商行业带来了一个全新突破口。拥有强大物流供应链的京东，捕捉到新增长点。事实上，早在2015年，京东高层就已经洞察到跨境电商市场的巨大潜力。在同一年的博鳌亚洲论坛媒体采访时，京东创始人就曾明确表示：农村电商、校园电商以及跨境电商业务，在未来将成为京东新一极突破点。❷

2018年，京东作为首届中国国际进口博览会组展机构之一，积极进行招展工作。截至2018年6月，京东共获得119家品牌商的参展意向函，其中以数码产品和家电类型为主，包含日用快消、时尚衣物、生鲜果品等全品类领域。在进口博览会期间，京东直接签约博西家电、德龙、戴尔、马兰士和米技等国际知名品牌。❸

同年11月，在一场数字技术驱动消费升级专场论坛上，《2018中国进口指南手册》由中国贸促会研究院、京东-中传大数据联合实验室共同发布。手册中详尽地对进口货贸的优势，以及进口品牌未

❶ 杨洁. 新冠疫情下我国跨境电商行业发展对策研究[J]. 时代人物，2020（19）：280-281.

❷ 凤凰财经. 刘强东出席博鳌亚洲论坛 透露京东新战略重点[EB/OL].（2015-03-28）.

❸ 环球网. 京东加大跨境电商布局[EB/OL].（2018-11-6）. https://baijiahao.baidu.com/s?id=1616344624573931320&wfr=spider&for=pc.

京 东 增 长 法

来发展趋势作出科学分析。❶

京东本就是以技术见长的电商企业。在跨境电商方面，京东同样善于运用大数据运算，对消费路径和客户回流进行测算分析。在技术应用这一领域，京东已经超出了国内外相互售卖的传统进出口模式，开始通过大数据的有效指导，开辟国外某些待"走红"产品品类，并对其进行挖掘、培育，从而带动国内相关品牌和产业的繁荣兴盛。

在建立高效的跨境电商通路中，实现便捷的一体化支付终端同样是重要一环。2021年京东国际联手全球领先的支付技术企业VISA，成功签署双方合作协议，进一步优化国内跨境产品和服务的质量。双方联手扶持出海商家和品牌，面向港澳台和海外市场，开放优惠补贴项目，帮助他们顺利开拓海外业务。

在这一合作中，京东获得VISA支付令牌技术，极大程度上促进京东国际消费者"一键绑卡"业务的实现，在移动支付的基础上，使用户得到更流畅、便捷和安全的购物体验。❷

在建立国际销售通路、开辟新一环业界崭新态势的同时，保证企业具备更大优势，亦是京东为迎接X时代的来临所做的重要布局之一。

强大的仓储供应链体系，是京东深挖的企业护城河。明确认识

---

❶ 环球网.京东加大跨境电商布局[EB/OL].（2018-11-06）. https://baijiahao. baidu. com/s?id=1616344624573931320&wfr=spider&for=pc.

❷ 出海记. 京东国际与VISA签署合作，推动跨境电商发展[EB/OL].（2021-04-08）. https://mp.weixin.qq.com/s/dm8saz6nFO_j8RmU4uUYKg.

到"互联网下半场是从中国到世界"的京东，亦力求作为中国民营技术型公司的典型代表，推动全球产品通路的强化，使自身朝着成为全球供应链基础服务商的目标大步迈进。

为了打造"以物流为头阵的全球化供应链服务"，京东规划了明确的框架布局。将以"830双通全球网络"枢纽布局、"十大供应链科技输出"和"五大全链条数字化赋能"为核心板块，层层把控京东的国际供应链搭建。❶

"830双通全球网络"枢纽布局是京东搭建国际物流供应链的基础，将京东已成功搭建的国内八大物流枢纽，与全球三十大核心供应链节点连接起来。设立海外仓、建立跨境运输专线以及智慧化多式联运，有效缩短全球商品的运输"距离"，形成一个遍及世界的物流仓储网络。

此外，京东搭建了中印通、中日通、中澳通等多条国际链路，打通涵盖国际运输、报关、清关等双向通道，为国内商家开辟一条打开国际市场的通道。截至2021年，京东的国际供应链布局已遍及全球五大洲，设立超过110个海外货仓，全球零售业务2020年销售额相较于往年同期增长了251%。"接入中国初始站，打通最后一公里"的全球物流布局正逐步建立起来。

按照京东的设想，"830双通全球网络"能够实现48小时内中国

---

❶ 京东物流国际业务. 京东物流国际化全面升级：搭建全球智慧供应链基础网络（GSSC）[EB/OL].（2018-07-25）. https://www.cifnews.com/article/36685.

面向世界的货运速达，"十大供应链科技输出"则是实现48小时内各国范围内的本地交付。后者是京东旗下的物流公司，把多年精研的供应链科技向海外开放，将订单履约、仓储、运输、库存以及零售等多个平台整合起来，形成稳定的六大物流智慧体系，把货品、仓储、配送、商家和消费者连接起来，进行统一管理、操作和大数据运算，以消费者感官体验为导向进行全流程优化。

2016年，京东成功在号称"万岛之国"的印度尼西亚建立起仓配一体的物流体系，服务范围覆盖7大岛屿和483个城市，将原先物流5～7天的运送时效，提高到85%的货品能够一天内交付。不仅如此，京东还在印度尼西亚推出了"210"标准时效配送业务，极大地提高了印度尼西亚配送业务的速度。❶

京东物流"开放共生"的观念，同样适用于基础设施完善、经济更发达的国家。例如京东与日本乐天市场、美国沃尔玛等大型百货商超以及德迅、DHL等强势物流企业合作，通过"海外商流＋跨境物流＋本地配送＋售后"的方式，将京东物流时效推向全世界。

而"五大全链条数字化赋能"指的则是京东对供应链全方位的数字化作业，这是京东建立全球供应链网络的支撑和保障。从数字供应链、路由、清关、全链路追溯以及供应链金融这五条数字化链条，全面提升跨境物流的履约效率。

---

❶ 京东物流国际业务. 京东物流国际化全面升级：搭建全球智慧供应链基础网络（GSSC）[EB/OL].（2018-07-25）. https://www.cifnews.com/article/36685.

京东的国际化战略作为企业规划之中的"重头戏",将为京东的发展突破从线上到线下、从国内到国外的界限,及时把握零售电商新纪元迭代下的崭新机遇,拓宽销售服务版图;也是京东在防微杜渐中持续加速增长的强力引擎。

## ⊙ 实体互联网产业的强强赋能

自21世纪初期起,互联网逐步普及进入千家万户,逐渐给各行各业带来"翻天覆地"的变化。同时,也对中国商业实体为重的格局和理念带来前所未有的冲击。于是,在互联网企业高歌猛进的发展态势下,20世纪80年代的经济学家罗伯特·索洛提出的"IT生产率悖论❶"被重提,"互联网产业将伤害实体经济,蚕食、挤压实体企业市场"的言论开始出现。

事实上,互联网电商的出现,降低了实现信息对称和"去中介化"的成本,确实给实体经济带来巨大冲击,但这种冲击并非侵略性的"攻城略地",而是对实体企业的全面覆盖,使实体产业的劳动生产率提高,而营业成本率降低。

互联网带来的新技术就是个生动的例子。当下应用广泛的云计算、物联网、大数据、人工智能和AR等技术,都在不同层面上给传

---

❶ IT生产率悖论:企业的IT投资和投资回报率之间没有明显的关联。意思是IT产业无处不在,而对生产的推动作用却微乎其微。

统和新兴企业带来了更大的经济收益。而在"实体经济"和"虚拟经济"间形成争论迷局的原因，实际上是两种不同模式掩盖下的恶性竞争和过度垄断，并非模糊意义上的实体、互联网模式之争。

被官方"盖章"界定的新型实体企业京东，就是实体和互联网模式能够强强聚合、优势互补的生动例证。京东拥有实体企业内核，也同时具备互联网企业的数智优势，并成功在实体线下和互联网线上进行转型，完成了对两个截然不同模式间的双向破题。就产业定位而言，无法简单地将京东划分到任何一个阵营。就产业布局而言，京东谋划线上、布局线下，双线并行。就资金结构而言，京东主营领域位于线上，而大量资金投入却流向线下实体布局。

正因如此，刘强东曾提及，最初的京东，是中国互联网经济中唯一的实体企业；而在实体企业中，京东又是效益最好的互联网公司。京东立志成为国内最大、净利润最高的互联网公司。追本溯源，京东从未想过要做一家虚拟企业，它的起点和归宿都是成为一家脚踏实地的实体企业，因为世界上真正能"活"过百年、基业长青的，都是实体企业。❶

作为一家市场形象鲜明的新型实体企业，京东成功打破了实体产业和互联网产业的模式壁垒，开辟了全新的增长模式。京东发展势头朝上、重心朝下、步伐更轻、格局更稳。这是京东增长效应的重要体现。

---

❶ 搜狐. 刘强东：京东不是虚拟公司而是实体企业 [EB/OL]. (2016-07-18). http://mt.sohu.com/20160718/n459763898.shtml.

第 四 章 　 布 局 新 一 轮 增 长

## 实体企业的增长内核

2021年9月，由全国工商联发布的"2021中国民营企业500强榜单"中，京东位居第二位，仅次于技术通信实体企业华为。在企业员工数量排名上，京东凭借36.91万名员工总数，成为国内民营企业员工人数最多的企业。[1] 从另一个角度来分析，京东的业务重心在哪里，其绝大多数的生产力就往哪里汇聚。悬殊的数字差异，能够从侧面印证京东的产业体系偏重，呈现京东的实体企业内核。

为什么说京东具备实体企业内核？

在此，首先要明确一个问题，实体经济是中国经济发展的命脉之一，是最坚实的发展基础。它的首个典型特征，就是拥有着庞大的就业群体。

京东的实体模式，最先体现在其员工数量和结构当中。2016年，刘强东做客央视《对话》节目时表示，京东70%的员工来自物流体系，并且京东未来有90%的概率达到100万人。照此计算，物流体系员工将多达80万人。[2] 随着京东版图的逐步拓宽，这一比例还在持续加大。

此外，在京东所有的产业布局中，实体特征最显著的是物流领

---

❶ 瀚海观察. 京东成国内员工最多的民营企业？京东员工数是怎么来的？[EB/OL].（2021-9-26）. https://baijiahao.baidu.com/s?id=1711889241980166967&wfr=spider&for=pc.

❷ 金一刀. 25万人撑起的京东物流是物流界的富士康吗？[EB/OL].（2021-03-24）. https://baijiahao.baidu.com/s?id=1695162104633527867&wfr=spider&for=pc.

域。自2007年京东自建实体仓储和物流配送体系起，其始终保持高速发展，战略地位不断提升。2021年京东财报显示，京东正在运营中的仓库数量约为1200个，包含云仓面积在内，其仓储总面积已达2300万平方米。截至2021年6月，京东在全境范围内拥有7800个配送站，自有配送员工数量逾20万人。仅在2020年间，京东新增仓库数量就多达450个，是京东始建物流的最初十年里仓库增长数量的总和。❶同年，以物流为基础建立起来的供应链，上升至企业的战略高度。

伴随着京东实体物流体量的增大，与其缔结合作关系、进行深度融合的大型实体制造企业已逾千家，有北汽、陕煤运销、中联重科、三一重工等大型实体制造业。以京东云为例，其面向大中小型企业提供数智化服务、供应链服务。其中，京东云助力降本增效的中小微企业数量已经累计超120万家。❶

截至2021年11月，京东的实体业务能力发展迅猛，旗下SKU自营商品数已超900万。线下数以万计的实体店铺，已在全国大中小城市搭建网阵布局。此外，京东独具一格的供应链体系，不仅成为京东接续发展的下一个增长极，还成为与众多合作伙伴产生强力链接的基础平台。

---

❶ 泰伯网.京东是如何成为实体企业的[EB/OL].（2021-08-25）. https://baijiahao. baidu.com/s?id=1709053780328085058&wfr=spider&for=pc.

第 四 章　布 局 新 一 轮 增 长

这些链路连接着实力强劲的百万级百货商超、鲜花生鲜门店、药店、汽修等服务涵盖极广的门店领域。❶另外，京东陆续发布的开普勒、京喜、京造等战略计划，也将京东上游供货端通路打开，带动大量制造工厂的高速发展。

作为"互联网中的实体企业"，京东似乎早就预见到实体、互联网两方阵营的未来必定是边界完全消失。所以京东的战略布局，正不断从互联网主体，向线下实体"迁徙"。

在2021年12月京东对外公布的技术成绩单中，京东"数实融合"的成绩十分亮眼。在基础设施领域，京东云发布了业内首个混合云操作系统"云舰"，实现了在异构基础设施领域的更大规模统一化调度，真正突破了在混合基础设施方面最彻底、全面的调度和管理。同时，业界生态规模最广泛的"星海"超级物联平台成功建立。

而这些只是京东在发挥实体产业能力方面的切片之一，京东长达数年对数智化供应链的建设，使京东不仅能够实现近1000万自营商品的世界级库存周转，全国范围内逾300座城市的分钟级送达，还能为海量商家提供一体化供应链支持，提供优化决策服务。

在第四届世界互联网大会上，刘强东曾表示：未来，互联网企业与实体企业之间的界限将变得越来越模糊。❷此前，业界对实体和

❶ 佚名.为什么京东的利润率较低？让利于合作伙伴和消费者[J].计算机应用文摘，2021（19）：71.

❷ 人民政协网.京东刘强东：互联网与实体企业将不再有边界[EB/OL].（2017-12-06）.http://www.rmzxb.com.cn/c/2017-12-06/1889581.shtml.

互联网经济之间的关系，讨论的热度居高不下，是因为两者之间的"虚实"界限明显。在相同利润攫取下，市场竞争就是一方对另一方的盘剥。这导致实体和互联网企业间的壁垒高筑。随着京东等一众大型企业打通实体和互联网的不懈尝试，率先架起了两方共生共长的桥梁，早先"阵营对立"的形势破除，两方特色加持下的良好生长业态得以形成。在"数实融合"的道路上，京东也将充分挖掘实体潜力，推动企业和行业开启全新增长极。

## 互联网技术赋能实体

2014年，京东上市并迅速崛起，打破了原先"BAT"三足鼎立的互联网行业格局。在一定程度上，京东改变了国内互联网产业格局，有力地催生了崭新的行业生长方式。

根据易观数据，2013年第三季度的国内B2C市场份额占比，天猫和京东分别为49.1%和18.2%。随着2014年京东与腾讯之间的战略合作达成，在国内B2C市场上，阿里巴巴和"京东+腾讯"这两个阵营的总市场占有率，就已经高达73.1%。二者之间的差距正在不断缩小，京东正逐步改写着互联网行业的固有格局。这是京东作为一家以实体运作为内核的企业，缔造优异互联网业务效益的最佳印证。

卓越的互联网技术，是京东驰骋在数字科技时代前沿的例证。

作为一家自营零售电商，早期京东运转的核心流程，就是通过采购仓储，转移至销售运输，从二者的差价当中赚取利润。看似不够"互联网"的运行方式，实则需要强大的互联网技术积淀。

供应链是商业活动达成的纽带。商品在交付到消费者手中前，需要经历采购、存储、加工、运输、票据管理等多个过程；商品、资金、信息构成的大网也需要集中的技术调度。所以，京东的互联网技术算法，也渗透至其中的每一个环节。当前，在C2M领域，京东已经拥有成熟的开发能力和商业模式。举一个简单的例子，京东游戏类笔记本和家电领域的C2M比例占京东零售的40%，而在新品上市方面，京东能够将周期缩短67%，产品研发前期所需的调研时间缩减75%。而在未来京东的C2M领域，发布高创新含量的新品，相较于一般品类来说，占比将高达70%。❶

技术型企业，是京东赋予自身的显著标签。经过多年耕耘，京东已经架设起以云计算为基础，通用化大数据平台为导向的技术体系。这套系统能够结合企业零售、物流和数字科技三大板块，以信息安全为基准，为不同购物场景提供支持。

以零售技术领域为例，京东的先进技术，已经能够延伸至智能供应链、门店科技、智能营销等多个方面；在物流技术领域，无人仓、无人车、无人机的大范围应用，也使得京东智能物流体系成功建立；此外，在数字科技领域，数据技术、金融科技和智能城市等架构也已经完成；云计算方面，京东的AI、IoT布局也已经成熟。每年电商购物节就是对京东技术体系的最佳检阅。峰值时，每分钟上

---

❶ 鲸商. 京东在世界500强中升位的"技术"内核[EB/OL].（2020-08-12）. https://baijiahao.baidu.com/s?id=16747846220441119310&wfr=spider&for=pc.

亿条实时数据的处理速度，以及数十亿条消息推送，堪称是对京东技术系统可靠性、可用性和扩展性的"极端"情况考验。

在实体加互联网的模式引导下，京东建立起的供应链基础设施，已经能在全境范围内自如运作。同时，京东培植近20年的数字技术和能力，正在给数以百万计的合作伙伴持续提供养分；资源的开放共享，也将为整个数字和实体经济转型开辟全新的增长空间。

2017年，京东与国内会计运算类应用头部企业金蝶合作，共同搭建起云服务项目：金蝶云。对于做出携手京东的决定，金蝶创始人徐少春认为：提供软件服务是金蝶的过去，金蝶需要抓住机遇，向大数据、云服务和人工智能的方向发展，这才是金蝶未来发展的正确方向。与京东建立合作，正是金蝶进行转型的契机。

金蝶云基于京东的基础架构，在旗下的软件里，内置了更多的 SaaS 管理应用，这能够为客户提供稳定、流畅的云端体验。不仅如此，京东在底层基础上，做好 IaaS 和 PaaS 工作，而金蝶只需要在 SaaS 的基础上，提供自身擅长且具有优势的企业管理服务即可。在这样的合作下，京东互联网技术使企业业务效率更高，同时，京东的技术赋能经验更足，覆盖面将会更大。

云尚工坊则是京东赋能传统行业的典型例子。京东基于自身的互联网优势，与数个服装生产企业合作，将生产厂家的生产、产品、经营和零售场景等商家数据，与消费者行为数据进行技术整合，再通过数据挖掘、分析、建模等方式，将消费者偏好和市场选择趋向通过数据进行直观呈现。这一方面指导了服装企业的生产资源配置，另一方面在销售端口实现精准营销。

京东除了大范围地与不同企业、产业进行技术对接和合作，还在技术研究和开发方面硕果累累。仅在2021年，京东在技术研发方面就发表论文220余篇；创造新应用和技术突破260余项；夺得世界权威奖项60余个；在技术方面已累计投入750亿元，不仅充分发挥京东身为新型实体企业的增长效能，还持续助力实体经济的高质量发展。❶

总体而言，京东在行业当中，能够一肩担负起"先发引擎"和"优质样本"的重要原因，正是在于京东成功实现了实体和互联网模式间的双向破题。正如京东前总裁徐雷提到的：像京东这样兼具实体企业基因和属性、数字技术和能力的新型实体企业，正是在当下推动数字和实体经济之间进行深度融合的重要推动力量。❷而京东具备的互联网数智优势，也为京东的实体内核持续赋能。

## ⊙ 数智化的城市图谱

推动社会进步和时代发展，是大数据时代发展到一定程度的应行之要。作为重要的战略引擎，大数据被引入社会和城市管理体系，将极大地缩短社会治理时间，提高社会管理效率，节省相应的人力

---

❶ 中金在线. 京东晒出2021年度技术成果："数实融合"助力实体经济高质量发展[EB/OL].（2021-12-23）.http://news.cnfol.com/chanyejingji/20211223/29342225.shtml.

❷ 佚名. 为什么京东的利润率较低？让利于合作伙伴和消费者[J].计算机应用文摘，2021（19）：71.

资源成本，同时提供城市治理的新方式。

不仅如此，当开放式治理代替封闭式管理、流动性治理代替静态化管理、网格化治理代替支干式管理、协同化治理代替单向化管理，社会治理能力也将大幅提升，国家高效的治理能力和治理体系优势也将再度显现。

2004 年，北京市东城区的首个数字化城管系统启用，成为在城市建立数字图谱的"先行军"。在当时率先应用的"城市部件管理法"和"万米单元网格管理法"，为当下数智化城市管理奠定了基础。

在"十四五"规划中，也着重提到我国需要推进产业数字化和数字产业化，打造具有国际竞争力的数字产业集群。要加强对数字社会、数字政府的建设，提升公共服务、社会治理等数字化智能化水平。

如今，物联网、云计算等数智化应用逐步落地，智慧化的城市管理图谱，正在全国落地生根。2021 年 1 月，上海"工业互联网创新发展促经济数字化转型大会"上，该市正式启动建设首批工业互联网场景，同时成立首批数字化转型联合体，用以带动城市工业发展，助力完成经济数字化转型。其实早在一年前，上海已经用"新基建"加快了"5G+AI"技术基础上的城市数字新基建进程。

除了由官方发起的数智化城市建设，拥有先进数智技术的大型互联网企业，也积极投身到政企合作助力城市构建和数智化市场空间的开辟中去。

2016 年，阿里云提出建设"城市数据大脑"项目。通过 ET 人工

第 四 章 布 局 新 一 轮 增 长

智能技术和自主研发的"飞天"操作系统，将阿里巴巴旗下的数据采集、数据交换、数据应用、大规模计算平台和算法平台五个系统纳入城市大脑之中，对城市的全局进行实时分析，根据不同情况的需求，自动调配公共资源，实现城市高效智能治理。

阿里巴巴实施的"城市大脑"，是基于自身平台管理优势和经验，进行架构的企业数智化城市管理。而京东同样作为具备数智化能力的新型实体企业，则着重于通过自身的实体、互联网优势，因地制宜地帮助城市构建数智化管理模式。

## 解读数智化城市图谱

2019年3月，以"用AI和大数据打造智能城市"为主题的京东城市，作为集团的一级战略任务全新上线。随之一起发布的，还有京东城市全新的品牌标志和该业务旗下的全系列产品矩阵。

京东城市的英文名称叫作JD iCity，与之配套的品牌标志，是由"J、D、C"三个字母所构成。其中"JD"代表着京东的主体地位和企业基因，"C"则包含着两层含义，一是预示着京东将以全新的战略面貌拥抱城市，二是代表着京东城市的模式，就是City+Compute的模式进行数字化的智慧城市搭建。

京东城市的最终蓝图是建造智慧城市，这也是京东三驾马车之一的京东数科旗下的重点项目。京东数科发展的主题是破圈、升维、增长。

在京东数科副总裁曹鹏的认知里，京东数科的方式是能够将数智化能力和AI技术置放到真实的场景中，帮助企业和产业创造新价值，从而实现增长的方式。

关注那些产业空间足够大，规模天花板足够高，数智化程度还有待推进的蓝海市场，是京东寻求"有价值的增长"的方式。辅助建设数智化城市就是一个典型例子。

而在智能城市建设中，数据共享和安全的平衡是显著的难点之一。在这一点上，商业化的企业拥有政府少有的优势：低敏感性信息量的共享。所以，智慧城市建设的普遍模式围绕"总包＋分包"展开。

这样的模式会带来数据共享、优化、平衡和安全的优势，但也会导致数据孤岛的出现。在这样的情境下，一个有机的共享底层生态，就显得尤为重要。而京东致力于打造城市的数字图谱，构建的正是这样一个底层逻辑。

京东构建的数智化城市，不同于致力于卖"云智慧城市"应用的友商，京东要做的是一个开放化的城市操作系统，涵盖"云"应用的层面，但绝不仅仅止于此，京东城市的重点是真正通过数智化提升政府治理水平、解决城市管理痛点。

那什么是城市操作系统？

这一个被反复提及的概念，简单来说，就是一套面向城市的智能化综合解决方案，分为"智能城市APP""城市画像"和"城市计算平台"三个板块，包含信用城市评定，AI城市产业规划，智能停车、园区、交通、规划、能源、环保、文旅等多个方面。通过莫奈

第 四 章 　 布 局 新 一 轮 增 长

可视化平台和数字网关算法，为城市运行过程中可能遇到的各种问题，寻找科学适宜的新方法。

在智能城市的构建体系中，城市操作系统的应用是底座和基石。如果将智能城市具象化为一台超级计算机，那么城市操作系统就相当于计算机的基础应用程序，支撑着整个系统的有序运转。在这个基础上，京东城市系统的各个应用板块，就是支持丰富功能的环境程序。

作为核心技术的城市操作系统，拥有京东城市最典型的特征：兼容开放。它不仅能够在不同的云上计算平台开放，还能够打开面向用户的通路，开放用户端接口。此外，京东城市业务还面向业界，开放平台技术基于系统自行创建解决方案。

从结构上来拆分，京东的城市操作系统通过数字网关建设，将多个城市的数字技术平台串联起来，以此形成整个系统的雏形，在系统规划的板块分区内，像解耦供应链一样，将能够解决问题和满足需求的"同类项"合并为同一产品层，实现个性化需要的模块化服务。

最富有城市风格的，是实时场景化的问题解决模式。按照大数据测算统计，模拟出不同的城市操作系统应用环境，因地制宜地提供智能解决方案。就像京东率先意识到利用时空数据的重要性，开设6个时空数据模型，对城市中人流量移动数据、交通流量、气象数据以及道路结构等方面进行统筹收纳，并切实打破行业区域桎梏，建立快速的时空关联索引和查询。此外，还打造出福州市"三坊七

京 东 增 长 法

巷"的信用城市体系，推出信用租赁、信用支付、无人超市等终端场景服务。

## 京东城市助推地区发展增速

2021年7月，国务院批准北京、天津、上海、广州、重庆五市，率先开展国际消费中心城市培育建设。北京市积极构建面向全国乃至全球消费市场的经济格局。其中，与京东等一众电子商务企业的合作，将通过数字经济模式的创新，打通国内消费和跨境电商新通道。

北京市与进口商品零售平台京东国际合作，以打造海外国际品牌入华第一站，将国家文化、旅游人文等特质融入创新型国家馆的建设中，形成具有国际辨识度的进口消费大IP。2020年京东国际国家馆项目引入海外新品牌数较往年增长超过100%；2021年品牌合作数量更是在此基础上增长三倍，已陆续开设国家馆项目22个。截至2021年11月，尚有超过50个国家馆项目正在接洽入驻。❶

借力京东数智、物流、零售等能力，北京市将推动数字消费创新，培育并建立品牌消费矩阵，向率先建成具有世界美誉度、竞争力的国际消费中心城市迈进。

京东与天津市的合作，则是在京东的供应链和数字科技的基础上，将智慧城市、智慧物流以及"互联网+"等项目相继落地天津，

---

❶ 京东黑板报.京东11.11：五国使节共话助力北京国际消费中心城市建设 京东公布两年超3100亿进口成绩单[EB/OL].（2021-11-03）. https://mp.weixin. qq.com/s/vVcYtynKncvMe6wjeT91Gw.

助力开拓天津经济新空间。此外，京东旗下的社区生态便利店、超级城市体验店、智能物流产业园和智能制造产业基地正加速推进，为地区的就业群体提供更多机会。

事实上，京东和天津的合作已经持续多年。2020年"南开京东互联网医院"正式上线，用于线上就医问诊平台，由天津市南开医院与京东健康共同搭建，成为探索互联网医疗的又一重要节点。2021年5月，京东与天际汽车成功达成战略协议，围绕智能产品定制、智能出行等方面展开合作。同年天津开办"6·16滨海国际购物节"，京东作为重要合作参与方，凭借发放消费券的方式，带动当地消费同比增长59%。❶

接下来，京东和天津将在"十四五"合作框架下，全力提速天津的数字经济和产业集群建设，切实推动实体和数字经济的高度融合。

## 数智运算探索城市智能管理

京东城市除了助力地区经济蓬勃发展，同时也将更快捷、智慧、高效的生活方式注入城市。城市管理是一个稠密复杂、涵盖广泛的工程，不能仅局限于前沿科技概念，还必须将一应管理真正落到实处。探索城市智能管理方式，极大地激活了城市发展的未来版图。

以江苏南通为例，作为首批全国市域治理现代化试点城市，南

---

❶ 京东黑板报. 充分发挥新型实体企业效能 京东助力天津打造国际消费中心城市 [EB/OL].（2021-10-21）. https://mp.weixin.qq.com/s/-6unQ8HWcdSr-pYWCbNq0w.

通成为智慧城市的典型代表。该市接入京东的"智能城市操作系统"，由南通市政府牵头建立了全国首个"市域治理现代化指挥中心"。在这一系统的监测下，政府对现代城市治理的研判和决策，都有着综合的大数据支撑，并能借此对问题的后续处理进行持续监测。

比如，一个寻常日子，110接警服务热线接到了市民的来电。市民称在某路段上有玻璃碴儿，希望接警服务热线可以对接相关部门，对其进行处理。一般而言，这类非紧急消息的处理不会太快，但是，基于智慧城市逻辑，服务台可以直接上报至南通市域治理现代化指挥中心。基于此，相关工作人员便能快速处理这一事宜。

基于智能城市操作系统，工作人员只需要点击一下屏幕，便能快速了解南通市整个城市64个部门、10个县市区的治理情况。❶

效率的提升与成本的降低，在细微之间体现得淋漓尽致。一辆装载危险化学品的货车，行驶在城市中，城市操作系统能为其全程实时监测，确保安全运输。

值得一提的是，南通市智慧城市背后的技术支撑，便来自京东。数字技术与城市的结合，实现了便民服务、高效协同，也极大地降低了社会成本。

城市计算平台的应用范围广泛，涉及信息化、政务、交通、能

---

❶ 中国经济网. 实现南通64个部门数据安全汇聚 京东数科打造智能城市"一核两翼" [EB/OL].（2020-09-23）.

源、环境等多个领域，也为国家能源集团、绿地集团等127家企业带去技术服务。当前，京东旗下的城市计算平台已经在北京、天津、长沙等数十座城市落地部署。❶

未来，这一批飞速发展的国际消费中心城市，将成为拉动经济增长的全新引擎，而京东这样的新型实体企业，将在实体和数字技术的双向赋能下，在"基建力、融合力、创新力"方面发挥不可替代的作用。

京东搭建数智化的城市图谱，用意在于帮助政府更好地治理城市，高效率助推地区经济增长，积极探索城市智能治理方式。而京东也将在具体的实践过程中，逐步探索出在数智化基础上让企业把数据用起来和用好的方式。

大面积的场景业务应用，新场景的数字化创新，都是基于对数据的综合运算。数智化城市图谱的搭建，具有天然的集成和整合属性，为AI技术、大数据整合、区块链技术的落地和保值提供有力保障。

而在当下，"产业＋科技"的无界融合已经成为市场新风潮。想要站在风口抓住机遇，就需要京东加大技术研发投入、积极提供技术支持。同样，在这个过程中，社会也需要以开放的心态接受互联网，自主拥抱前沿科技，从而在未来的数智化风潮中，形成广阔的B端市场，为京东数智经济发展带来增长空间。

---

❶ 王刚. 复盘：智能城市如何成为"京东集团一级战略"？[EB/OL]．(2019-03-21)．https://mp.weixin.qq.com/s/DWmUzulaUP1CwmAThyecYg.

# 第二节

# 笃慎：在防微杜渐中持续增长

## ⊙ "告别至暗时刻"

知百殆而无不胜。在京东持续增长上行的过程中，"黑天鹅"和"灰犀牛"并不少见。对企业而言，要保持增长优势，就要懂得防微杜渐。

2018年，京东在持续的上行态势中，遭遇了有史以来的重大危机——外部舆论危机、内部组织结构危机。这一时期，被称为京东的"至暗时刻"。从增长行进过程来看，这致使京东发展在短线上产生停滞甚至倒退。但这同样为京东未来的发展提供了经验教训。

### 回溯"至暗"来临

从内部来看，京东的行进轨迹有的放矢。从实体零售起家，京东转型线上后势如破竹，化身"黑马"向国内零售电商顶峰发起冲击。与此同时，京东还在有条不紊地布局线下实体运输网络。从外部来看，京东的行事风格又颇具"挑衅"意味。几次价格战，搅动零售行业天翻地覆。总体来说，一路走来，京东的增长势头向好。直到2018年，以京东创始人深陷舆论危机为开端，突如其来的"黑天鹅"

事件，像多米诺骨牌一样，将整个京东运行系统拖入内外部舆论的风暴中心。

外界发现素来"严谨、整肃"的京东系统，罕见地出现了缝隙。于是，无数炮火向其缺口聚集，"京东失去的2018""京东灾难年"等一应猜测、质疑和舆论甚嚣尘上。很快，伴随着外部舆论的冲击，京东内部原先高涨的士气，一度变得非常低下，整个京东弥漫着一种风雨欲来的危机和不安。

这一年，跌入谷底的京东，遇到了企业发展历程中的"至暗时刻"。

根据直观的数据能够看到京东面临的严峻形势。从2018年第四季度京东财报来看，当季京东GMV增速较往年同期，从33.1%下降至27.52%，首次跌破30%；而收入增速为41%，较往年下降了33%。此外，京东电商平台的活跃用户增速，从往年的27.6%下降至4.38%，而整个经营业务的净亏损达到了48亿元人民币。

京东股市的状况也不容乐观。国内诸多科技公司股市表现优异时，京东的股价却呈现出"高台跳水"般的趋势，迅速下跌。从超过50美元一股的价格，逐渐跌至20美元以下，下跌股价超过原有股价的一半，跌幅高达60%。而当时的京东市值最终落到300亿美元以下。更多的资本站在一旁观望京东能否"绝处逢生"。❶

事实上，危机的猝然爆发，并不是舆论判定的那样源于"黑天

---

❶ 新浪财经. 刘强东退居二线，京东新贵徐雷暗夜上位 [EB/OL]. （2020-01-06）. https://baijiahao.baidu.com/s?id=1654941349396518647&wfr=spider&for=pc.

鹅"事件突发而引起的连锁反应。这场空前的舆论危机，是将早已显露端倪的企业问题，由"明尼苏达事件"掀开的豁口，一瞬间集中爆发，形成了翻江倒海的势头，向京东扑打而来。究其原因，归结为京东三个方面的问题。

其一，是京东高度集中的决策控制权，使得企业形成鲜明的行事风格。在一定程度上，这导致了企业与创始人超强"绑定"。京东代表性人物一旦陷入信誉危机当中，就将在很大程度上对企业品牌形象造成负面影响，在无形中给企业声誉带来打击。

其二，迅速发展的企业体量导致企业内部结构出现了"大企业病"痼疾，对整个企业的行进方向和品牌造成影响。京东在发展过程中，大量引进职业经理人、管培生等管理人才，伴随着企业布局面积的拓宽，员工人数的迅速增加，京东内部形成了数股不同的力量，逐渐演变成了内部不同的大小派系，致使整个企业的战斗力被削弱。最终为京东有史以来最大的组织变革埋下引线。

正如京东内部提到的，企业内部的部门墙越来越高，开始自说自话，没有统一经营的逻辑，"交数"文化和只看KPI文化盛行，变得人浮于事。

其三，则是京东长期坚持"重模式"，使其在资本的眼中，本就显得有些"步履蹒跚"。更何况被称为"吞金兽"的京东物流，在2018年的亏损金额就高达28.01亿元。❶在多年的亏损和低净利润影

---

❶ 互联网侧写员. 京东危机四伏[EB/OL]. （2019-04-23）. https://zhuanlan.zhihu.com/p/63419662.

第四章　布局新一轮增长

响下，京东的增长模式在舆论场上引起了争议。

处于"至暗时刻"的京东，正在内外部问题集中爆发的风口浪尖上。这既是京东遭遇的空前危机，也是自我认知、修正的绝佳机会。在这个关口上，京东只有沉着冷静、埋头苦干，才能真正走出困境。

## 强力革新　扭转局势

2018年12月，在广东肇庆，京东核心高管参加了一场长达三天三夜的会议。这场会议标志着京东走出"至暗"，去芜存菁的战略阵线就此拉开。

同年年底，京东内部掀起了一轮号称史上规模最大的、自上而下的组织架构变革。企业成立了京东战略决策委员会、战略执行委员会等涵盖HR、财务、技术三方面的独立委员会，并按照战略、机制、组织、文化、人才、业务六条线，对京东内部进行全面梳理，相继创新性地提出Big Boss管理体系和高管末位淘汰机制等一系列制度。

对于京东决策高度集中等问题，企业权力的授权力度进一步加大。从企业顶层建设来说，2019年1月，京东商城轮值CEO徐雷挑起"大梁"，针对京东管理层持续深化"末位淘汰制"。

其中，京东采取的高管末位淘汰制，在当时此起彼伏的互联网企业裁员浪潮中，尤其引人注意。身处"至暗时刻"的京东，作出这样的决定，很容易被市场认为京东需要"节流过冬"。

然而，从长远视角来看，京东此举是企业主动选择"自我健身"的结果。一方面可以整肃京东内部出现的"大企业病"问题；另一方面，这也是一种内部危机意识的调动策略，组织内部的创业激情需要被再次唤醒。

各业务项目方面，京东各业务部门朝着成为独立"作战"单位升级，强化和挖掘不同领域的服务能力。

这次空前的企业危机中，京东作出的最典型变革是针对京东商城的组织重组。徐雷认为互联网思维在当下已然不适用了，不论是实体还是互联网企业，关注的重点更应该是企业的组织架构，要用互联网化的组织架构和机制推动企业运转。

于是，以京东商城为基础，一个以前、中、后三台为中心的组织架构成功搭建，按照不同的业务范围定位，再向下细分不同的职能部门。前台的特点是小而美，能够实现对信息的快速反应；中台负责沉淀企业的各方面能力，辐射范围涵盖多个业务中台；后台则为前、中台提供技术支持和保障。

此外，京东还新成立了平台运营、拼购业务两大业务部，将生鲜事业部并入旗下品牌 7 Fresh，重新组建大快消事业群、时尚生活事业群和电子文娱事业群三大事业群。❶ 而徐雷任京东轮值 CEO，京东旗下三大事业群向其汇报。

---

❶ 亿欧网. 京东调整组织架构：重组三大事业群，拼购事业部上线 [EB/OL].（2018-12-21）. https://baijiahao.baidu.com/s?id=1620465229389387737&wfr=spider&for=pc.

第 四 章　　布 局 新 一 轮 增 长

2019年京东开年会议中，京东高层发表讲话，针对危机爆发的内部原因进行分析，指出在危机爆发之前，以客户为中心的价值观，就已在原有基础上被部分稀释。尤其是以数据为行为遵循的情况逐渐增多，不同部门之间的墙越来越高。呈现在外部的，则是市场敏锐度下降。各种因素影响之下，"至暗时刻"突然来袭，最终对京东造成如此大的冲击。

## 走出"至暗"

一年后，京东创始人刘强东在"2020年致京东内部的一封信"中，再次重构和追问京东"我是谁"的命题。追溯京东发展史，再次明确企业定位，重申京东仍将以技术为本，着力打造更高效和可持续发展的世界。

当下，走出"至暗时刻"的京东，不论是从业务还是战略决策上，都更加清晰和聚焦。协同机制和企业创新，都围绕企业新定位和价值观展开。人才机制更加精准，决策制定权限将下放至接触市场一线的管理者身上。业务全面向下授权，并对公司的使命和价值观，重新进行了梳理，逐步在全公司内形成共识。

经过一年的内外部整肃，2020年京东成功在香港二次上市。其间，京东同时积极向外扩张，着重丰富线下服务阵营，先后向国美零售、迪信通、五星电器等零售企业注资。在物流方面也加快节奏，先后投资香港利丰集团、见福连锁便利店等物流巨头。集团旗下的

京东物流收购跨越速运，京东与在线票务公司携程和短视频应用快手达成合作，加快构建"无界零售"的步伐。❶

同年，在第一季度公开财报中，京东集团的净收入为1462亿元，同比增长了20.7%；京东商城的活跃用户数量达3.874亿，较往年同期增长了24.8%。京东在行业外部经济形势下行的环境下，实现了超过2500万新增活跃用户量。至此，不断突破新高的优异成绩，昭示着京东已彻底告别"至暗时刻"，向下一个增长节点发起冲锋。❷

## ⊙ 防止陷入机会主义陷阱

2020年5月19日是京东的第五个老员工日，按照企业传统，作为集团CEO的刘强东，向所有员工发送了一封内部全员信。这封"家书"中明确提出了一个概念：京东并不怕错过机会，而是害怕陷入机会主义图圈，成为短视的逐利者。

此时，距京东走出"至暗时刻"已过大约一年半时间，这一封信审视了京东过往17年的发展历程，并把京东的角色定义为逐梦者、坚守者和众行者。从多年打拼"敢想敢做"的企业发展史来说，

---

❶ 财视传媒.刘强东："国民企业"京东是如何练成的？ [EB/OL]. （2021-09-01）. https://baijiahao.baidu.com/s?id=1709668008952835235&wfr=spider&for=pc.

❷ 金台资讯.刘强东最新内部信回忆"至暗时刻"明确未来发展两大方向[EB/OL]. （2020-05-21）. https://baijiahao.baidu.com/s?id=1667259349432145551&wfr= spider&for=pc.

京东确实是个敢于挑战常规的逐梦者。

自2014年赶赴纳斯达克上市起，京东进入急速上升期。面临着更广袤的市场和更多元的诱惑，京东在相当长的一段时间内，徘徊在挣扎和迷惘中，落入了机会主义陷阱，走上了一段应引以为戒的"弯路"。而京东走出"迷失"，蜕变成长的过程，就是其作为一个坚守者诞生的过程。

从经济学视角分析，企业博弈形式、变量参数设置、成本核算方式，都是影响企业陷入机会主义危机的因素。对于企业来说，陷入机会主义危机的表现，是在博弈形式上追求效用最大化，而在风险偏好上力求成本最小化。也就是说，企业将变成极端的"逐利者"，企业在市场上，将频频发生以利益为导向的欺诈行为；在企业内部，滥用权力、攀附权势的行为将层出不穷；企业文化则围绕着"一本万利"展开。

然而，在高速发展的过程中，仍可能出现"后坐力"过大，导致企业走向朝着机会主义的方向偏离的情况。就京东而言，陷入机会主义危机主要体现在两个方面。

## 业务线：浅尝辄止

伴随着上市鸣锣，京东的业务线逐渐冗杂。市场和视野都豁然打开的京东，看到企业发展路上汹涌流动的各种机遇，开始盲目启动创新业务项目，逐渐偏离京东原有的"短线战略式"或"长线坚守式"项目风格。

刘强东曾形容此时的京东，被太多机会所吸引，想做的事情很多，但是却不见得有足够的支撑力量来推动这些创新项目的正向发展。直到一路"火花带闪电"地走了很久，才发现并未产生真正的社会价值，企业思路也并未走出囹圄。习惯于"单干"和强控制，过于强势的一体化思维，使京东在进入部分领域市场的路上，显得困难重重。同时，京东对于新业务缺乏耐心和关注，导致自身在优势赛道上浅尝辄止，在消磨中落于人后。

京东开启千店"狂奔"模式，大力推进京东便利店建设，就是一个典型的例子。

新零售赛道开启初期，京东物流的商品数据掌控量优势显现。但作为此时中国最大的电商零售企业，京东还需将商品数据与消费者数据有机结合，才能够真正建立起更全面、丰富的销售布局。所以京东选择深入城市社区"毛细血管"中，与数以万计的个体商户携手合作，建立起布局广泛的京东便利店网络。

2017年4月，京东方面发布消息，将在未来5年内开设遍及全国的100万家京东便利店。同年京东发布的"双11"战绩中提到，京东当前已开设京东便利店超过1000家，在2018年预计以每天1000家的频次，持续扩展该项目，直至完成全国100万家门店的目标。 ❶

当时，对于传统零售企业而言，以一天1000家的频次开辟门店，几乎算得上是"天方夜谭"。电商企业牵头实施，整个行业都开

---

❶ 吴文治，徐天悦.一日千家 京东便利店急速扩张背后存规模化焦虑[EB/OL].（2018-04-13）. https://3g.163.com/money/article/DF81QA4N002580S6.html.

始了"加速抢地"。

京东进行新零售模式"试水"的同时，苏宁零售云门店"苏宁小店"和"天猫小店"也在迎头赶上。苏宁方面表示将于2018年底，将零售云门店的数量增至3000家，而天猫小店的门店数量则将突破10000家。❶

面对着"强敌环伺"的社区便利店资源抢占，京东便利店选择求快求广的"加盟店+收编夫妻店"模式。

加盟店模式下的京东便利店，布局增速明显提升。仅在2018年京东公开发布公告后，京东每天能够接收到约5万个开店申请。其中，京东便利店的加盟方则来源不一，如有零售经验的创业加盟者、有零售基础的原有商贩。京东为了加快门店网络化搭建，对加盟方的优待条件简单明晰。在开店证件齐全、保证全部从京东进货、杜绝销售假货的基础上，只需缴纳不足3万元的质保金，即可开店经营。后续也会提供相应的巡店指导和管理资料发放。相较于动辄数十万的传统加盟门槛，京东给出的品牌和开店优势显而易见。

收编传统夫妻店，则是加盟模式的道路拓展的方式。将街巷中的老牌夫妻店规整起来，以京东便利店的品牌进行包装，与加盟店模式相似。

这样的方式使得京东无须面临高昂的租金成本、人力成本，无

---

❶ 向远之.赋能已成趋势，苏宁零售云有什么不同？[EB/OL].（2018-01-09）.
https://www.163.com/dy/article/D7N7UM3G05118EIS.html.

须进行复杂的员工培训，以及商品体系管理。于是，京东店铺增长速度迅猛，愈发逼近最初的阶段性"千店"计划。

此外，这些藏身在全国各销售节点的店铺，通过数以万计的量变，织起一张最接近终端消费者资源的大网，通过有机合理的整合收束，就能够给企业带来广阔的流量入口。

京东在原有供应链优势的基础上，建立了成熟的商品数据库。在消费者数据方面的短板，则能够通过链接这些"毛细血管"来稳步补齐。

参照日本"7-11便利店"的成功模式，加盟模式能够帮助京东迅速抢占市场，先将"坑"占住，随后的员工、商品、管理体系、服务文化等一干要素，也能够通过持续改造，逐渐将成熟的网络搭建起来。在此基础上，京东线上线下打通的模式将顺势起步，强有力的企业护城河也将再度得以加固。❶

然而，脱离直营模式的京东便利店，并未在"千店"战略期间强化这一套连锁加盟体系，而是陷入了机会主义陷阱中，朝着打造形式和盲目完成目标的方向冲刺。京东便利店开始呈现出明显的弊端。

首先，京东便利店应具备的固有优势，在这一下沉市场并不凸显。从京东货仓进货，再到店铺统一管理、销售数据分析以及服务标准建立等一干流程，京东的环节把控"前紧后松"。甚至后续部分

---

❶ 吴文治，徐天悦.一日千家 京东便利店急速扩张背后存规模化焦虑[EB/OL].
（2018-04-13）. https://3g.163.com/money/article/DF81QA4N002580S6.html.

需要依靠零售店主自行摸索，致使店面货品陈列不善、销售手段欠佳，盈利水平也参差不齐。其次，从消费者角度来说，早期京东便利店从门店装潢到货品陈列，甚至是服务水平，与传统的小卖铺并无明显差异。在这样的状况下，京东便利店内的"京东直供，品质保证"等标语的竞争力，也就显得反响平平。

截至2018年10月，京东便利店早期的扩张势头已经略显后劲不足。在北京五环外回龙观社区内，2家京东便利店与周围8家苏宁小店形成了明显的阵型差异——京东便利店被"围困其中"。诚然，这只是个例，然而京东与苏宁在实体零售终端的差异，昭示了两种截然不同的走向。❶

从消费者的线上评价来看，对于当时京东便利店的整体形象，多数为杂乱、货不全等负面评价。店铺上方具有吸引力的"京东便利店"招牌，与落后经营和服务之间的脱节，带来了巨大的购物体验落差，给京东便利店之后的"沉寂"埋下伏笔。反观苏宁小店，店员统一的苏宁工装，统一规整的店铺装修和品牌标志突出的货架，都与前者呈现出截然不同的"气象"。

尽管京东逐步在扩张中发现问题，也及时作出调整，组建崭新团队开展直营便利店业务，但京东便利店的"前车之鉴"仍不足以让京东吸取教训。正如中国社科院财经战略研究院主任李勇坚提到

---

❶ 电商科技美少女.盲目扩张前景堪忧！京东便利店竟成"烂尾工程" [EB/OL].（2018-10-29）. https://t.cj.sina.com.cn/articles/view/3010055677/b369cdfd00100pan9?sudaref=www.baidu.com&display=0&retcode=0.

的，京东便利店的数量在增长，掌控力却在降，它的固有优势就在供应链和自营模式上。即使在新阶段将面临新局势，但仍应在扩大优势的基础上，再开新局。

2019年12月，京东着手对旗下部分便利店进行整肃和优化。从形象标识、服务标准、设施配置等六个方面进行统一，提升对门店的管控力度，强化门店的服务和商品供应能力。目前，京东便利店数量不仅大幅增多，还在北京、济南、成都、上海等地开放特许加盟，吸纳更多的优质商铺展开合作。此外，京东便利店成功打造"掌柜联盟"模式，建起"B2B2C"生态圈，与上游厂商一起进行业务联动和资源共享。❶

### 管理棋：遭遇瓶颈

除了业务上盲目扩张之外，京东受机会主义牵引导致的大企业病、山头主义等内部管理问题，也是京东需要防微杜渐的潜在因素。

从京东复盘来看，出现管理瓶颈，是企业在高速扩张规模的同时，内部文化塑造、员工管理没有适时跟上，从而催生出一系列问题。最终呈现在外部的结果就是：京东的消费服务质量出现异常波动，企业内部的活力逐渐丧失，企业竞争力的根基遭到了侵蚀。

一直以来，电商行业竞争愈演愈烈。以自营零售见长的京东商城，在完成上市后，为了获取更多流量、更多客户，在竞相比价、

---

❶ 新经销．重磅！京东便利店多地开放特许加盟合作，助推小店经济崛起[EB/OL]．（2020-08-05）．https://mp.weixin.qq.com/s/IfHyd4VsVK-S0tpHh4h48w.

打造电商节的同时，吸纳了更多第三方优质商户入驻平台。但这也给京东带来了潜在危机。

2016年"双11"电商购物节中，由中国消费者协会发布的电商节商品价格报告显示，有16.7%的商品在"双11"当天的价格在总样本中高于近期最低价。这期间虚假促销问题最为严重的是亚马逊和京东，分别占比35%和26.8%。而京东只有41%的抽检样本低于近期低价，使得消费者质疑其制造节日热点假象，有意诱导消费者。❶

这是京东在盲目扩张路上，逐渐显露的"后遗症"。接入第三方平台后，京东迅速发展，但内部把控问题的疏忽和松散，致使京东在服务方面树立起的口碑逐渐被侵蚀。

当时，央视曾曝光一则新闻，京东商家将打折信息随意标识，等到付款环节，消费者才发现折扣消息是无中生有。此外，商场通过标注不清的手写文字、刷单、虚假折扣和宣传等方式，诱使消费者进入圈套，导致零售平台的品牌信誉也随之降低。❷对此，京东早期由于监管力度欠缺，导致纰漏层出，引起市场的舆论反馈，这也是京东内部管理出现缺漏的表现之一。

2018年3月，知名作家六六的朋友程女士在京东全球购上购买了一个标价1489元的Comfort U护腰枕，然而收到货的时候，却发

---

❶ 财经快报. 京东变"囧东"：虚假促销为何屡禁不止？ [EB/OL].（2016-12-21）. http://finance.ikanchai.com/2016/1221/112237.shtml.

❷ 科技的旁观者. 病急乱投医的京东，后遗症正在加速爆发[EB/OL].（2016-10-02）. https://www.sohu.com/a/115423831_115971.

现产品 Logo 变成了 Contour U，销售价格也有着十倍之差。程女士将两个品牌官网的产品信息下载发送给商家，京东客服声称商家发错货品，可以退货退款，但是拒绝进行"假一赔十"。再次对此事进行投诉后，程女士得到了相同的回答，消协投诉未能被受理。无奈之下，程女士找到朋友六六希望对此事进行曝光。曝光后京东客服仍回复"系发货失误，不是假货"。事件迅速在网络发酵，一时间该话题引发网上热议。虽然此事最终以握手言和结束，但其中反映的问题仍值得深究。❶

这件事后，京东公开表示，公司上下将坚决抵制大企业病。同时，还在企业层面成立了客户卓越体验部，推出了更高标准的消费者评价准则，重新将企业服务核心方向扳正，确定以消费者体验为唯一标准和核心，用以提高整个企业的服务质量、服务水平和消费者观感。此外，整肃京东内部出现的管理问题，重申京东人要谨怀归零的心态，勇于打破固有思维的桎梏，将眼界和心态放开来，坚决抵制企业内部出现的各种抱团、傲慢等问题，时刻将防微杜渐放在心里，保持危机感。

京东在飞速发展和扩充中，必然会面临诸多问题。但京东早已度过初生牛犊的莽撞时期，进入了增长的下一阶段。保持初心，警惕机会主义陷阱，是京东需要持续修炼的功课。

---

❶ 小妍. 京东发布反腐公告辞退16人，却暴露出内部管理问题…[EB/OL].（2018-08-25）. https://www.sohu.com/a/250037423_100098720.

第 四 章　布 局 新 一 轮 增 长

# 第三节

# 探寻：社会使命赋予生命力

## ⊙ 新征程：责任只有进行时

对于企业使命的讨论，自20世纪早期就已经普遍存在。

新古典经济理论认为，企业的使命应该是实现成本最低化、产出最大化。归根到底，就是要力求企业利润的最大化。进入20世纪80年代，企业与社会环境的关系进一步加深，与之相关的劳工问题、环境问题不断涌现，大量的跨国公司开始出现。在这样的大背景下，对企业界使命的讨论再度兴盛起来。逐渐地，履行社会责任的呼声开始成为企业变革中的价值期待之一，由此，全球首轮真正意义上的企业社会责任运动被掀起，人权运动、劳工运动和消费者运动的频发，催生了一系列企业生产守则和行为准则的制定。

20世纪90年代，企业家精神随着激烈的市场竞争出现，企业商业化运作的目标，朝着经济和社会兼顾的方向发展。再到21世纪，全球化在商界大范围"落地生花"，传统的政府部门、公益组织在各自范围内开始出现不同程度的能力"失灵"，希望企业承担起社会责任和公益责任，运用商业理念进行跨界融合的设想出现，就此，社会型企业、共益企业的概念被提出。

简单来说，社会型企业是指那些以公益利益为目标，从而进行盈利事业的企业，其社会事业的经营，最终目的是提升竞争力，扩大经营面，以及实现永续经营。其中的典型例子是格莱珉银行的创立，这家企业在孟加拉国乡村发起无须抵押的微型贷款，在一定程度上成功打破了阻碍贫困人口发展的壁垒。2006年，该企业与其创始人穆罕默德·尤努斯获得了诺贝尔和平奖。

换个角度来说，企业进行社会责任建设的范畴，涉及经济、社会、安全、环境和重大事件调度等多个领域。不仅考验企业的恒心、耐力，更是在多个层面上对企业的能力进行打磨，甚至于能够成为企业新征程的增长极。这样的模式，能够为京东的未来增长带来启示。而从共享价值的角度思考企业未来发展和决策，也将为企业带来新方法、新增长和创新。一直以来，京东也在探索社会型企业之路，例如在推动农村电商和中小企业的实体发展、降低社会物流成本等方面，都取得了不错的成果。在自身能力基础上，积极解决社会问题，并推动企业自身发展，是京东持续增长的重要动力内核。

## 推动物流行业进步

截至2019年，中国整个社会物流总费用在国民生产总值中占比为14.7%，京东物流致力于通过科技手段，将社会物流成本效率提升至原有水平的两倍以上。2018年京东"6·18"年中购物节期间，京东宣布将在未来十年，把京东物流价值通过供应链输送到全

球去。❶

由京东掀起的物流体验变革，集中体现在三个方面。

其一，京东物流有效地降低了物流成本。京东物流是最先提出"智慧物流"概念的企业之一。相较于传统的物流概念，现代物流的智能化、数字化特质更加凸显。

2020年，政府针对供应链行业的226号文件下达，这是我国首个供应链领域的纲领性文件。其中明确提出，要建造一批适合我国发展的供应链新技术和模式，初步将智慧供应链体系覆盖至我国的重点产业。而京东物流的搭建和发展趋势，与政府倡导的协同发展理念不谋而合。

物流是供应链的组成部分，也是供应链发挥作用的基石。京东物流的智慧化极大程度上纾解了物流领域的两大痛点：农村物流和大件商品配送。多年基础物流网络搭建，使京东不仅拥有庞大的仓储配送网络，还可将商品送至消费者身边。其中智慧物流的引入，有效缩短了农村配送的链条。目前，京东物流网已经深入全国60万个行政村。

不仅如此，京东物流的B2C物流体系，使京东将整个系统的物流成本降低了50%，流通效率则向上提升逾70%。

对社会物流成本的优化，是京东物流持续攻坚的难题。2012年至2018年，我国社会物流总费用实现六连降，从原先的18%降至14.5%，而同期的发达国家社会物流成本占比只有8%，京东物流的

---

❶ 王哲. 京东物流价值供应链变革消费体验 [J]. 中国报道，2019（3）：62.

愿景是将这一数字降至5%。

其二，京东物流对行业标准的提高。2020年4月，京东推出特快送时效承诺产品，承诺在一定时效内完成配送任务，倘若未完成，京东提供全额理赔。该业务目前已经在国内7个大区140多个城市上线。

事实上，早在2018年京东向个人用户开放快递业务后，便持续推出各类特色快递产品，力求提供更加优质的用户服务。"211限时达""同城特瞬送""京尊达""特惠送"等都在这一时期相继上线。

于是，物流行业内往日从未设想过的情景逐渐发生。30公里半小时达、专车专送、专人接单、急速配送、实时监测快递路径等业务，让消费者打开了一道享受物流服务的门，也给行业划设了一条全新的起跑线，物流行业的同行们同样需要及时跟进服务质量，否则，被市场淘汰出局只是时间问题。

比如，在京东明确提出"211限时达"等业务之前，物流行业中已经有企业推出次日达或当日达业务，但这些业务说明中，并没有给予消费者一个明确的时限，只有一个模糊的期限，是否能够如实履约并没有确切保障，更别说售后方面的超时赔付了。

直到京东推出特快、限时送达服务。一方面，京东对时限提出明确范围，让消费者拥有明确的理赔依循，以及选择对应服务的区间；另一方面，京东承诺提供"慢就赔"服务，在机制上敦促配送员们在到达站点后，尽快进入配送流程，也使得消费者"理赔有门"。

第四章　布局新一轮增长

伴随着京东物流的速度和服务不断刷新消费者观感，整个物流行业的衡量标尺也在不断升高，对整个快递行业的发展起到强大的推进作用。

其三，京东物流跟随国家脚步，接入全球智能供应链。从2016年起，京东已经在跟随国家"一带一路"，布局东南亚电商物流网络。当下，京东的供应链能力和物流技术逐渐成熟，将在东南亚复刻一套完整的物流网络基础设施。

在泰国境内，京东物流服务范围已覆盖全境，包括大中小、跨境物流在内的物流业务。在仓储环节，泰国物流中心的WMS5.0系统（海外版），已经能够支持德国、瑞士、日本、法国等多个国家先进物流设备的接入。在印尼，京东经典的"211限时达"业务已经被成功复制，该业务目前在雅加达地区的履约率达90%。此外，分钟级配送业务"JD Hub"也成功落地，实现消费者下单十分钟至一小时内就能收到商品。

京东供应链部副总裁杨海峰对于京东在国际上的网络搭建表示道：在"一带一路"的推动下，全球化已经成为中国经济发展强力引擎，互联互通是各国经济增长和国家间贸易增长的必要条件，而京东的8大物流枢纽和30大核心供应链节点的全球化布局，能够再度缩短全球互联互通的距离，将优质的中国链接至世界。

## 精准农村电商扶贫

在衡量企业优质与否时，优秀的业绩只是一方面，更重要的是企业能被整个社会认可和尊敬。企业生存的本质，是它为社会所创造的价值。对于京东来说，企业行进的步伐有快有慢、有急有缓，只要长期坚持正确的价值方向，积极践行应尽之责，在合适的区间充分发挥自身所长，坚守正道成功，就能为社会带来价值，企业则获得新发展。

清华大学副校长杨斌曾指出：过去的20年间，在企业社会责任和商业伦理理论的引介下，企业践行社会责任发挥了历史性的作用。京东在飞速发展的同时，以践行民营企业责任为价值引领，大力发展农村电商、助力脱贫攻坚事业就是一个生动的例子。

中国是世界上首屈一指的农业大国，农业的蓬勃发展，农民的安居乐业，都是事关国家发展的头等大事。然而，广袤的农村市场也是无数企业难以建立现代高效经营模式的"沙区"。拥有广袤的待开辟市场，却在高效成熟的商业运行模式上出现明显断层的农村，对于众多想要进驻农村的现代化企业，是一道难以翻越的坎儿。

可是，京东却在农村经济运行上，走了少有人走的路，也做到了多数企业难以做到的事。

助农项目便是典型体现。早在京东涉足果蔬生鲜领域之初，就已经将视野投向了产品的原产地。并在广袤的农村市场创立了一套针对生鲜领域的"买手"制度，遣员前往原产地直采优品，逐渐配备起一应周边项目设施。

深入农村进行扶贫这件事，对于京东而言并不陌生。早在2003年京东转型线上时，创始人刘强东就曾带着公司的38名员工，前往

第四章　布局新一轮增长

山西省静乐县，对38个贫困家庭的孩子进行捐助。❶此次加入国家扶贫攻坚工作，最初也是通过捐钱捐物的方式，对贫困落后地区直接捐助资金，帮助贫困人群迅速脱贫。

2012年，京东首个"扶贫特产馆"成立，这是京东以推广贫困地区特色农副土产为重心，专门打造的"产地IP"。自此，京东开启了农村市场的拓荒和尝试。

开辟农村市场，远比预计更加困难。仅以销售端为例，农村土产果蔬的输送物流、宣传推广，就是横亘在京东面前的棘手问题。此外，在进入销售之前，这些农产品的非标准化品控、保存有效期短、生产环节不规范等挑战接踵而至。以上问题不"拔除"，农村电商的可持续发展就是一纸空谈。

于是，京东生鲜内部迅速成立专项小组，以"京心助农"为代号，着手建立覆盖多品类果蔬的标准化体系，将生产、择选、运输供应、广宣推广涵盖其中，从商品角度潜心打造农村土产的市场竞争力。

很显然，有着多年农村扶贫经验的京东，并不会"只堵不疏"。帮助农村电商零售打通渠道的同时，促进农户们主动应变，由内向外地提升自身抗风险能力，也是京东帮助农村经济实现高速增长的关键。

---

❶ 科技唆麻. 京东扶贫的三条曲线[EB/OL].（2002-05-13）. https://mp.weixin.qq.com/s/R4rHg-6p2K_odOnO8pkVGA.

所以京东在建立标准体系、加大农村物流和冷链仓储覆盖的同时，还会依靠大数据平台，将农户产品的优劣势，通过数据分析直接呈现出来，形成指导策略，帮助农户主动作为、扩大产品优势、削减劣势并及时处理相应问题。

以京东创设的"扶贫跑步鸡"项目为例。2016年在河北武邑县，京东首次将互联网区块链技术应用于家禽养殖。通过160天的全养殖周期监测，保证跑步鸡的安全健康。另外，为了突出该地散养特点，这些跑步鸡脚上还设有计数脚环，并以"跑够一万步"作为品种优质的例证。这也打开了京东助农模式的思路，陆续孵化出"游水鸭""飞翔鸽""跑山猪"等明星"IP"。❶截至2020年6月，京东旗下的扶贫特产馆数量已达288家，覆盖全国31个省级以上单位，成为地方农产品的重要推广和销售渠道。

在京东扶贫2.0阶段，不仅给贫困地区"授渔"，还积极接洽扶贫土产的输出端口，杜绝"圈地脱贫"现象的发生。就像新疆喀什盛产优质大枣、核桃，但由于产能分散，农户议价能力不足，产业发展滞缓，导致该地被动陷入贫困。

针对这样的情况，京东专门为喀什组织电商扶贫对接会，邀请"好想你""六个核桃"等二十余家干货食品商，促成双方之间的产商认购。此外，京东还积极发挥带头作用，旗下自营超市率先采购

---

❶ 财经国家周刊. 京东电商助农：加码科技扶贫，"造血"乡村振兴[EB/OL].（2020-06-21）. https://mp.weixin.qq.com/s/1aI9X44c8EcYpWvk8bCgwg.

第 四 章 　 布 局 新 一 轮 增 长

喀什土产干果，助力构建更为完善的产业基础。

在扶贫进入后期，京东扶贫策略升级至 3.0 阶段。扶贫方式以助力高价值的品牌塑造为重心，从内向外地增强产业的抗风险能力，使其以更好的状态走向市场。

例如京东在长白山养殖园内，引进 AI 养猪技术，配备猪舍环境监测系统、自动控温设备、巡检机器等高精应用，将肉猪养殖与数字化紧密衔接，不仅为脱贫产业带来新的发展图景，也为养殖产业的新模式提供成功样本。

2020 年初，受疫情影响，乡镇贫困地区农产品销路堵塞，京东在第一时间开通 "京心助农" 全国生鲜绿色通道，组织策划近 10 万场助农直播，用以帮助贫困地区畅通销路。截至 2020 年 10 月，京东已通过该项目帮助 130 万款农产品打通销路，缔造了 3 亿件农产品的累计销量。❶

在长达五年的脱贫攻坚事业中，京东的电商扶贫项目，也已取得优异成绩。根据京东官方发布的扶贫成绩单，京东精准扶贫项目，覆盖了全国共计 832 个国家级贫困县，累计帮助超 10 万户建档立卡贫困家庭、超 30 万贫困群体实现增收。随着京东无人黑科技系统的成功构架和运作，京东助力脱贫的边界，也得到再度拓宽，为偏远

---

❶ 京东. 从脱贫到奔富 京东五年电商精准扶贫交出千亿成绩单 [EB/OL].
（2020-10-17）. https://baijiahao.baidu.com/s?id=1680778048580739609&wfr=spider&for=pc.

贫困乡村提供最后一公里到家服务也成为可能。❶

随着企业的迅猛发展，京东逐步登上中国零售界峰顶。在2016年和2017年京东跻身世界五百强企业榜单，带动了零售业上下游的经济繁盛，服务范围覆盖率高达99%。而其实体、数字双栖的发展模式，也为未来经济模式发展，提供了样本和蓝图。❶

能力同样意味着责任。更多荣光加之于身的同时，京东始终践行初心，积极履行社会责任。同样，京东积极发展的农村电商、助农扶贫项目，创新性地推出"电商企业＋专业合作社"，或者"产业基地＋贫困户"等特色产业扶贫模式，也将持续为京东无界零售开辟通路，形成独具特色的生鲜领域优势，从而实现京东更高效的增长速度。

## "以实助实"的高速引擎

开展以实助实项目则是京东践行企业社会责任的另一表现。

在2021年世界物联网博览会主论坛上，京东发表了题为《聚万物智联，助实体创新》的主题演讲。首次公开发布京东云物联网产业实践全景图，展示京东在零售、物流、家居等多个领域的优异成绩。

---

❶ 京东黑板报.京东发布企业社会责任报告 正道成功诠释责任与担当 [EB/OL].（2018-01-09）. https://mp.weixin.qq.com/s/yUN66yfXgmLnVV9xrKNP_A.

其中，侧重提及京东对各行各业的带动作用，包括帮助全国60个城市的数智化升级，上千家行业合作伙伴，接入智能数字应用系统，连接了2亿台高活跃度的设备，并最终形成京东云"1+3+$n$"❶的物联网实践版图。❷

2021年8月，京东作为实体企业代表之一，出席新华社瞭望智库主办的"产业为本、数字为翼、以实助实"实体经济高质量发展路径研讨会。会上，京东高层表示：京东兼具实体基因和属性，也拥有优质的数字技术和能力，是一家新型实体企业。正是基于此，京东前后在乡村振兴、帮助大型企业进行数字化转型，以及助力中小微企业降本增效等方面，都取得了"以实助实"的优异成绩。

与此同时，一幅《新型实体企业京东全景图》公开发布。在"以实助实"发展图景中，京东的发展路径呈完整的树状模式。京东核心的实体企业属性和数字技术能力为整个模型的大树枝干，旗下数量庞大的客户、员工、自营商品、线下门店和自建物流体系为其提供"养分"。而树状模型上方的茂密枝丫，由乡村振兴"奔富计划"、中小企业"降本增效"和大型企业"数字大脑"形成相应的规整结构，将以"大船带小船"模式，助力整个市场实体经济的发展。

---

❶ "1+3+$n$"：以1个京东物联网平台为核心，结合技术生态链、产业生态链、供应链资源3大资源优势，助力智能城市、乡村振兴、智能社区、全屋智能、智能物流等$n$个产业场景的全链路实践创新。

❷ 京东黑板报. 京东云首次发布物联网全景图"以实助实"推动实体经济数字化升级[EB/OL].（2021-10-23）. https://mp.weixin.qq.com/s/TnV9kR19lu3Z387DGlSbVg.

京东的"以实助实"计划正式官宣落地。

当前，在拉动国家经济增长的引擎中，消费正逐步成为一股不可忽视的力量。其中，99%以上的中小型企业，成为引领消费升级、促进市场焕发生机活力的"主力军"。

京东能够为这些中小型企业提供平台和基础设施，助力一众实体企业明确方向，为它们带来持续增长的契机。通过系统的降本增效措施，可为中小型实体商家的基础运营，节省多达75%的成本。节省下来的各项资金成本，仅在2021年"双11"期间，总额就高达32亿元。同时，这些中小型实体企业的新客转化率，相较同期能够平均提高4倍。它们旗下产品的销量成功实现双倍增长。平均库存周转天数相较同期下降4.2天，真正实现京东与中小企业的供应链协同。❶

2020年，西藏47个县的农村电商运营和产业服务体系建设被京东承接。半年后，京东物流在西藏拉萨的首个大型智能仓落成，百余台搬运机器人共同作业、穿梭其中。如今，京东已经在西藏建立起较大规模、较高智能化程度的物流网络，能够满足80%左右的本地商品发货，本地配送速度被大幅提升。位于帕隆藏布江边的波密高原藏天麻公司，就是依托"京东农场"的智慧物联网体系，成功提升了现代农业管理水平，并打通了天麻产品的销路。

---

❶ 京东黑板报.京东云首次发布物联网全景图"以实助实"推动实体经济数字化升级[EB/OL].（2021-10-23）. https://mp.weixin.qq.com/s/TnV9kR19lu3Z387DGlSbVg.

第四章　布局新一轮增长

实际上，京东在过去几年已经通过"科技赋能"，助力"专精特新"省级中小企业，帮助企业总数逾2.7万家，集中力量铺设业内通融发展的杠杆模式。

京东作为中国民营企业中的明星，不仅自身业务服务能力过硬，还凭借着"正道"坚持，助力行业形成优质循环的业界生态，以一家有责任和担当的民营企业形象，展现中国民营企业风骨。

# ⊙ 形成可持续的京东责任生态

对于京东来说，形成可持续的社会责任生态，就是探寻社会使命赋予企业生命力的有效成果。初创时期，京东就坚持正品行货的经营准则；高速发展期，它敢于经年"亏损"铺设供应链，推动物流成本降低。其持续进发的社会责任感，助推着京东成为"国民的京东"。

## 国民京东五维度

2015年，在一年一度的京东年会上，创始人首次给出了明确的定位。刘强东高声喊出："京东要做国民企业，向亿万进发。"次年，京东再次重提企业愿景，将"国民企业"提升至"国民的京东"，并详细阐释衡量国民企业的五维度，须从收入、就业、纳税、社会责任和全球化五个维度着手，按照硬性标准，积极做出贡献。

作为企业理念的发出者，京东在同一年，按照这五个维度交出的答卷，也同样可圈可点。

在就业方面，截至2020年底，京东位居2021年中国民营企业500强第二位，旗下的员工数量为36.91万人，成为国内民营企业员工人数最多的企业。相较2019年同期员工数量，增长了13.17万人。除去实习生和部分兼职人员外，京东旗下上市公司的员工总数超过32万人，其中京东旗下的一线物流员工有26万人，一线客服员工人数为2万人。❶

事实上，民营企业本身就是吸纳社会就业的"主力军"，京东在这其中，更是社会"稳就业"的"先行者"。从2019年起计算，三年内，仅面向应届毕业生，京东就开放了358种岗位，提供了近4万个大学生就业机会。2020年，京东旗下各个公司新增员工总和高达10万人。

2021年9月，京东公开宣布开启"京东2022年校园招聘"，面向各大高校毕业生提供150种就业岗位，涵盖零售、物流、健康、科技、产品研发等多个领域，就业地域包括北京、上海、深圳、成都、广州、苏州、武汉等多个城市。❷

在纳税和社会责任上，京东坚持正道价值观，谨循创业初心，持续推动高质量就业、实体经济的高质量发展，以及社会整体效率

---

❶ 司南.京东向"实"而生[EB/OL].（2021-08-25）. https://mp.weixin.qq.com/s/4f2mgHSvYOJuVwj-9Wd-hA.

❷ 京东黑板报.累计提供358个岗位近4万个就业机会 京东连续三年以高质量就业推动行业最大规模校招[EB/OL].（2021-08-17）. https://mp.weixin.qq.com/s/ldr68V5DvtGBKms1kyF88w.

第 四 章　 布 局 新 一 轮 增 长

提高和价值实现。在2021年9月的中国国际服务贸易交易会上，京东总裁徐雷明确表示：京东员工的福利薪酬、纳税额和员工技术投入，都已经高于京东自身获取的利润。正是因为如此，京东创造的社会价值远高于平台经济模式带来的高收益。❶

根据商务部数据，京东2020年纳税金额达407亿元。其中，在2021年7月，成都市人民政府公布的2020年纳税百强企业榜上，京东赫然在榜。在公告中表扬京东前后建设的"京东新都亚洲一号""广汉亚洲一号"等重大项目，成功在四川打造了最大的本地仓储物流网，大力推进城市提升综合发展实力。❷

从全球化来看，京东于2015年就已经成立印尼公司，全面进入印尼市场，立志在5～10年内，成为印尼第一电商企业和东南亚人民最喜爱的电商品牌。2016年，京东开始开辟泰国市场。两年后，京东与国际互联网巨头谷歌成功缔结合作。同时，京东打造的供应链优势逐渐显于台前。在此基础上，京东将着力在海外构建高效的供应链体系，形成遍及世界的高效数字通路，促进世界经济的蓬勃发展。❸

截至2021年10月，京东的海外业务已经布局220个国家，拥有

---

❶ 观察者网.徐雷：京东技术投入、薪酬福利、纳税额远超自身利润[EB/OL].（2021-09-03）. https://view.inews.qq.com/a/20210903A06SO500.

❷ JDL京东物流西南.成都市表扬2020纳税百强企业 京东上榜[EB/OL].（2021-07-30）. https://mp.weixin.qq.com/s/N7bF5iB3hDhQ8ER7SQjZlA.

❸ 柳华芳.国民京东：刘强东提五大指标，万亿京东是基石[EB/OL].（2016-01-19）. https://www.sohu.com/a/55238423_115684.

近50个海外仓库和保税仓库，上千条国际运输线路，企业管理总面积已逾50万平方米。❶

要成为"国民的京东"，能够凭借五维度的"数字业绩"量化的部分，终究只是其中的一部分，是否能够真正成为国民企业，不仅依靠企业的有为贡献，还需要群众能够真切感知到企业在社会生活中所发挥的价值，这也是京东提升国民度的关键。

## 做社会需要的京东

在致力成为"国民的京东"这条道路上，京东从未停下脚步。

2020年2月4日，一封内容为"感谢京东，心系医疗援助一线"的感谢信引起全网关注。寄信方是中国呼吸病学泰斗钟南山。在疫情防控阶段，钟南山团队向武汉某医院捐赠了数百台专业制氧机，这些重要设备的运送工作，就交由京东物流完成。

在当时的武汉，京东物流具备正常运营和开辟绿色通道能力。接到钟南山团队的委托，京东物流立即调动全面资源，支持配送工作，不到一天，这批物资就已抵达目的地。迅捷的物流速度让钟南山感到惊讶，于是寄出感谢信送抵京东。❷

这就是京东物流的实力，也是京东最初坚持数年，斥巨资搭建

---

❶ 北京商报. 京东海外业务已布局220个国家 [EB/OL]. (2021-10-14). https:// baijiahao.baidu.com/s?id=1713565600620168084&wfr=spider&for=pc.

❷ 互联深8点. 钟南山致谢：曾经不被马云看好的自建物流，成了京东最强大的法宝 [EB/OL]. (2020-02-04). https://baijiahao.baidu.com/s?id=165759474 5198622029&wfr=spider&for=pc.

自建物流的初心。志合者，不以山海为远。京东要做的是在国家和社会需要的时候，有能力挺身而出；坚持做难而正确的事，助力企业增长持续攀升。

以公益事业为主的京东"物爱相连"平台，是2017年京东开设资金募捐平台后，创建的另一个公益物资募捐平台。该平台的开发完全基于移动端，网友只需在"京东APP"上访问京东公益板块，即可在不同的公益项目中点选物资，以爱心价选购相应物资，就能完成一键捐赠。这些捐赠物资，将由京东物流直接送抵公益项目地，再由公益机构执行人员，发放至受助人处。在整个过程中，捐赠物资的物流状态、发放实况，全部都能在"京东APP"当中进行实时查询。❶

在突发自然灾害、重大险情时，京东同样是首批赶赴现场展开驰援的企业之一。

2021年7月中下旬，河南突发重大暴雨灾害，导致受灾地区部分居民的日常生活面临极大困难。灾情发生后，京东率先开放临近的郑州亚洲一号智能仓库，从中紧急调拨大批救援和生活物资，迅速运抵灾区；同时开通河南地区24小时专线，用以支持随时突发的货品调度、物资协调，以及为当地群众提供紧急救助。❷短短两日内，

---

❶ 公益网校. 公益快报 | "物爱相连" ——京东公益物资募捐平台正式上线[EB/OL].（2021-04-07）. https://poa.cgpi.org.cn/article/33.

❷ 央广网. 京东首批捐赠物资已送抵河南救灾现场[EB/OL].（2021-07-21）. https://baijiahao.baidu.com/s?id=1705867515908667944&wfr=spider&for=pc.

京东便已运送四批救灾物资抵达灾情点，其中还包括极为重要的医疗物资，为后续救援队"抢下"宝贵时间。❶

实际上，对于此类公共突发事件，京东集团内部一直有一项硬性规定：全国范围内，任何地方发生灾难，京东临近仓库的管理者，无须向任何人汇报，有权且必须捐出库房里灾区所需要的全部物资。同时，京东集团也会为该片区仓库，迅速集结应急保障团队，确保专车转送，第一时间将物资运抵灾区。

立志成为"国民的京东"，是京东企业愿景的呈现，也是民营企业情怀的输出。一个普通企业到卓越企业的转变，归根结底，就是价值观建立、践行、实现的问题。京东将企业落脚点最终放回"国民"，持续书写京东的未来增长之路。

---

❶ 星阳信息科技. 京东四批赈灾物资已抵达河南灾区，这就是中国企业的力量[EB/OL].（2021-07-26）. https://baijiahao.baidu.com/s?id=17063374401202 02162&wfr=spider&for=pc.

# 后　记

作为中国互联网浪潮中的代表，京东绝对是高成长典范企业。其发展历程中，既有被质疑的艰难时刻，也有盛大的高光时刻。

所谓质疑，最显著的代表是京东一路走来的"标新立异"。从坚持正品行货，在中关村闯出一片天地，到坚持自建物流，搭建自己的供应链体系。一路走来，京东都有着自己的独特印记。

所谓高光，则是京东发展成果的直接体现。2004年，京东从零开始全面转战电商；2010年，京东销售额102亿元；2011年，京东销售额300亿元；2013年，京东销售额1100亿元；2017年，京东销售额1.3万亿元；2019年，京东销售额达到2.085万亿元。

在质疑与高光中，增长一词深埋于京东的发展脉络之中。正如企业发展遵循抛物线原理一样，如果没有及时开拓第二条增长曲线，势必会走上下滑路。多年来，京东持续开辟第二条增长曲线，始终保持自身的发展活力。从京东商城一枝独秀，慢慢成长为一片丛林，经营范围涉及科技、物流、健康、保险等多个领域。

追本溯源，考拉看看头部企业研究中心试图找到京东增长的逻辑，这并非易事。与我们解构、分析的诸多企业一样，京东也有自身的特殊性。如何立足特殊的时代背景，分析京东的发展逻辑；如何探究清楚京东高质量增长的底层基因……这既是挑战也是压力，考验着我们分析问题的能力。

很大程度上，这源于京东的低调。与其他互联网企业的光芒显露相比，京东似乎更热衷于低调做事。埋头苦干，更像是印刻在京东骨子里的基因。外界想要走进京东、解密京东，就必须要理解京东的低调性格。

我们清楚，这家以低调著称的企业，一步一个脚印走出了今天的广阔天地。

同时，正是因为低调，让人常常忽略京东的强大实力。数据总是最好的证明。以2020年为例，对比京东与阿里巴巴，我们能看到京东低调的另一面。京东年报显示，京东的2020财年（2020年1月1日～2020年12月31日），收入约为7458亿元。阿里巴巴的年报显示，其2020财年（2019年4月1日～2020年3月31日），集团收入约为5097亿元。

显然，两家企业的模式不同，各有优缺点。不过，单从年收入而言，向来低调的京东确实已经领跑一段距离。

增长，是许多企业发展追求的目标。在每一个决定性瞬间，京东都在尝试打破企业发展的"抛物线"趋势，开拓出一条充满活力的崭新发展路径。

后 记

对京东而言，任何增长曲线的开辟，都必须回归企业的初心和根本：有没有改善用户体验；有没有提升产业效率；有没有降低社会成本。

最让人印象深刻的是，决定自建物流时，创始人刘强东身上所展现的魄力和决心。当时，刘强东在董事会上提出这一目标，在场的参会人员并没有直接提出否决建议，而是话语间婉转地表示质疑，建议先进行项目预算，借此打消自建物流的想法。出人意料地，刘强东真的事先做好了预算——10亿美元。

这一金额对当时的京东而言，简直是天文数字。彼时，融资金额都还未达上亿美元，自建物流却要如此大手笔。投资人对此自然不同意，但刘强东仍"一意孤行"，坚持自建物流。最后的结果已然明了。在持续亏损之后，京东物流迎来了自己发展的春天：2021年5月28日，京东物流在香港联交所主板成功上市。

京东是一个庞大的生命体，其中有太多要素无法用语言描述。回到本书的主旨——增长，考拉看看头部企业研究中心将其拆分为四大板块：重新认识增长、京东的增长特性、京东增长的表现、京东增长所产生的意义与影响。

京东的增长曲线非常明了。

首先，如果梳理京东多年来的发展路径，可以清晰地看到其有三条增长曲线。第一，围绕3C、家电勾勒出的第一条增长曲线，是支撑京东发展壮大的基础力量。第二，随着时间的推移，京东逐步向全品类扩张，与亚马逊的行进方向类似。同时第二条增长曲线勾勒出了京东的与众不同。未来，是技术引领的时代。京东的第三条曲线正在形成。

每一条曲线都为京东输送着源源不断的活力，并奠定着京东发展的强大基础。同时，勾勒出京东自1998年柜台起家以来，一路愈挫愈勇的增长印记。

其次，在京东的增长脉络中，我们还可以清晰地看到三个关键词：后来居上、跨越发展、长期主义。这很好理解。京东进入每一个领域时，几乎都已有前人占位。但是，每一次京东都能够后来居上，实现跨越式发展。值得一提的是，从始至终，长期主义都是京东一贯的坚守。

再次，"雷达"图系的增长表现，则印证了京东发展历程中，其向外发力的增长和向内聚合的增长。京东向外的增长在"雷达"模型上体现为灵活探索的"探测端"，具有指向性地朝着品牌塑造、受众拓宽、市场拓荒等渐次进行尝试，从而体现动态增长；向内增长则体现在其企业内部和独具特色的"同盟"队伍当中，这一部分是"雷达"模型的底座，也是整个京东增长的内生动力所在。

全书通过切片式的写作方法，系统地论述京东增长的脉络、逻辑、底层原因等。本书还通过分析京东几次极具影响力的战略选择，展现京东这家企业的特性和风格。我们希望，通过增长的角度阐释京东，可以看到京东一路发展的背后逻辑，尽可能为读者展现不一

后 记

样的京东。

写至此处，已至尾声。我们还想提及的是，京东的发展历程有许多特殊之处。透过现象看本质，拨开迷雾看京东，或许能了解到京东的另一片江湖。

京 东 增 长 法